日帰り・四季の40コース

首都圏

ぶらりのち温泉

日帰り・四季の40コース
首都圏　ぶらりのち温泉

目次

首都圏　ぶらりのち温泉

春

夏

秋

冬

本書を利用される皆さんへ
☆モデルコースに記した（ ）の中の時間は特にことわりがない限り、徒歩での移動時間です。また合計の時間には原則として休憩や入浴、施設、庭園などの見学時間は含まれていません。
☆温泉や各施設の所在地、電話番号、定休日、料金などは2001年3月現在のものです。正確を期してはおりますが、今後、変更になることもありえますので予めご了承ください。

春の11コース

湯河原町

巨岩を背にした梅のじゅうたん

湯河原梅林&ゆとろ嵯峨沢の湯

……………梅林の山麓から眺望の山頂へ

2月初旬〜3月中旬

幕山の山裾の斜面に約三千本の梅が植えられた湯河原梅林。そびえ立つ巨岩を背景に紅白の梅が咲き競うさまはなかなか風情がある。梅林から幕山山頂まで足を延ばせば、360度の眺望。眼下に真鶴半島や相模湾が広がり、草原の山頂からは箱根の山々も見渡せる。海を見下ろす高台にある新湯河原温泉ゆとろ嵯峨沢の湯も展望がいい。

JR東海道線湯河原駅下車。1〜3月の開花期に催される「梅の宴」期間中は、駅前から湯河原梅林入口までバスが出ている。現地には食堂などはないので、弁当を調達するなら駅周辺で。通常は「鍛冶屋」行きバスに乗り終点で下車。バス停がある五郎神社境内を出て先へ進み、民家の間を抜けて上って行くと、見晴らしのいい山の中腹の道に出る。民家の軒先にミカンの無人販売所などが置かれ、山の斜面にはミカン畑が続くのどかな道だ。

◎モデルコース　2時間55分

●アクセス／JR東海道線湯河原駅からバス「鍛冶屋」行きで終点下車

鍛冶屋バス停→(25分)湯河原梅林→幕山ハイキングコース→(上り70分)幕山山頂→(下り40分)浄水場→(20分)鍛冶屋・五郎神社→(20分)ゆとろ嵯峨沢の湯

歩き出して30分。幕山《まくやま》浄水場を過ぎると目の前が開け、山の斜面を彩る紅梅、白梅が目に飛び込んでくる。梅の根元には水仙の黄色が鮮やかだ。

眼下に相模湾、背後には箱根の山々

梅の開花期には、梅林入口の売店に土地の特産品や甘酒などが並んでいる。花を愛《め》でつつ梅林の中を散策していると、梅やツバキの枝にさえずるメジロやシジュウカラなどの野鳥もよく見かける。

幕山公園梅林入口

梅林の後ろには海抜625m、眺望抜群の幕山が控えている。園内を一周したら、梅林右手奥から幕山ハイキングコースに向かおう。山頂までは傾斜のきつい上りが続きすぐに汗ばむが、30分ほどで相模湾を望むあずまやに着く。眼下に真鶴半島、伊豆半島や大島も望む雄大な眺めに、疲れも吹き飛ぶ。頂上までは無理という方も、ここからすばらしい眺めが楽しめる。

山頂は平坦な草原になっていて、眼下に相模湾、背後に箱根の山々が連なる眺望に

▼幕山公園・湯河原梅林
入園無料。梅の見ごろ2月中旬〜3月中旬　＊問合せ／湯河原町観光課☎0465（63）2111

▼木村美術館
刀剣、古陶磁等の美術館。国や県の重要文化財指定の名刀が並ぶ。＊開館／10時〜17時　火曜休（祝日は翌日休）　＊入館料／一般700円、大・高生500円、小・中生300円　＊問合せ／☎0465（62）4429

心がのびのびとする。弁当持参ならここでランチにするといい。

帰路は同じ道を五郎神社まで戻る。神社境内にはゆとろ嵯峨沢の湯の看板があり、5人以上なら電話一本で迎え可能とある。

五郎神社の先の酒店前を左に入り、住宅地の中を道なりに行くと、東海道新幹線の高架下トンネル前に出る。

山と海を望む露天風呂

そこを抜けると旧国道だが、車の通行が多いので手前を左折し、線路沿いに進む。相州刀美術館の看板を掲げた木村美術館前に出たら、その前のガード下をくぐり、カーブした坂道を上っていくと嵯峨沢《さがさわ》のバス停に出る。道の右手に「ゆとろ嵯峨沢の湯まで300メートル」とある標識に従って細い道を下る。マンション前を過ぎ、少し先の未舗装の細い道を右へ入ると広い駐車場。そこを抜けるとゆとろ嵯峨沢の湯の門前に出る。山と海を望む露天風呂はゆったりくつろげる。帰路は、ゆうゆうの里前から「真鶴駅」行きのコミュニティバスに乗る。

ゆとろ嵯峨沢の湯入口

●ゆとろ嵯峨沢の湯
神奈川県足柄下郡湯河原町吉浜1191
☎0465（62）2688
日帰り温泉施設（ドライヤー・シャンプー・ボディソープ）
＊泉質／単純アルカリ性イオン泉
＊効能／神経痛、筋肉痛、冷え症、慢性消化器病　＊設備／露天風呂、湯滝、打たせ湯、洞窟風呂、飲泉コーナー、無料休憩室、レストランなど　＊営業／9時半〜22時　木曜休（祝日は翌日休、2・3・8月は無休）　＊料金／大人1050円、小人500円

●WC／湯河原駅、幕山公園、五郎神社

●ランチスポット／お弁当を広げるなら眺望のよい幕山山頂の草原で。湯河原梅林でもよい。

●バス／「梅の宴」期間中（2月中旬〜3月中旬ごろ）は、梅園入口まで駅前から臨時バスがある。

●問合せ／湯河原町観光課☎0465（63）2111

幕山
626m
南郷山
幕山浄水場
湯河原梅林
幕山公園
WC
小田原
五郎神社
WC
鍛冶屋
木村美術館
嵯峨沢
東海道新幹線
ゆうゆうの里
ゆとろ嵯峨沢の湯
熱海
ゆがわら
東海道本線
新崎川
小田原
WC
熱海
135
N
0
500m
1：25000

青梅市〜奥多摩町

咲き競う梅の香に酔う

吉野梅郷＆松乃温泉

3月

……日向和田から二俣尾へ

多摩川上流の吉野梅郷では春の訪れと共に二万五千本もの梅が開花する。渓流沿い約４㎞に渡って赤、白、桃の梅が咲き競うさまは見応え十分。梅の公園から梅の香いっぱいの里をめぐり、この地ゆかりの文豪吉川英治の足跡にもふれるウオーキングコース。帰りに、足を延ばして一軒宿松乃温泉に立ち寄っていこう。

日向和田駅を出るとすぐ多摩川にかかる神代橋《じんだい》。眼下に広がる吉野峡の眺めがすばらしい。橋を渡ると吉川英治夫人が始めた和菓子の店、紅梅苑がある。梅郷《ばいごう》四丁目の交差点を渡り信号の下の細道を入る。毎年3月に行われる梅まつりの時期は「吉野梅郷入口」の看板が出ている。案内板に従って梅の公園に向かう。

公園の散策路を歩いて小高い丘に上ると、吉野梅郷一帯と青梅市街が見渡せる。ほのかな香を漂わせ一面に咲く梅の風景は一見の価値あり。ただし、梅の名所だ

▼梅の公園
吉野梅郷を見下ろす四万平方mの丘に約百二十種類、千五百本余りの梅が咲く。

◎モデルコース　1時間20分

●アクセス／JR青梅線日向和田駅下車

日向和田駅→（15分）梅の公園→（5分）青梅きもの博物館→（5分）梅郷中心地→（15分）即清寺→（5分）吉川英治記念館→（20分）二俣尾駅→（電車10分）川井駅→（5分）松乃温泉

けあってこの時期は平日でも人出が多い。のんびり花見をするなら早めに出かける方がいい。

民家の庭先でほころぶ梅

道を戻って2分ほどで青梅きもの博物館。白壁に瓦屋根、民家風の年輪を刻んだ建物は外観を見るだけでも心がなごむ。このあたりが梅郷の中心地で梅まつり期間中は休憩所が設けられる。

吉川英治記念館

吉川英治記念館はここから歩いて15分ほど。随所に標識が出ているので迷うことはない。観梅客で賑わう梅郷中心地から遠ざかると、しだいに人通りが少なくなり静かなたたずまいになる。民家の庭先などいたる所で梅がほころび、なるほど梅の里だと実感。下山八幡神社を過ぎ、途中の岩割《いわわり》の梅に立ち寄って即清寺《そくせいじ》へ。元慶《げんぎょう》年間（八四四〜八八四年）に開基された歴史あるお寺で、立派な山門をくぐるとひっそりと静けさが漂う。山門前の細道から吉川英治記念

▼岩割の梅、親木の梅

「岩割の梅」は土地の豪族三田氏と北条氏の戦の中で芽生えた悲恋物語の伝説を秘め、一枝の梅が岩を割って根づいたという古木。岩割の梅から吉野街道を渡って大聖院に行くと梅郷の梅の始祖と伝わる「親木の梅」がある。

▼青梅きもの博物館

皇室衣装・時代衣装を展示している珍しい博物館。

金土日曜開館（3月は無休、12・1月は休館）10時〜16時　＊入館料／大人800円、子ども500円　＊問合せ／☎0428（76）2019

▼吉川英治記念館

＊開館／10時〜16時半（季節によって異なる）　月曜休（祝日は翌日休）
＊入館料／大人500円、学生400円、小学生300円　＊問合せ／☎0428（76）1575

館の裏手に通じている。

記念館入口の長屋門をくぐり母屋と書斎を外から見学して展示室へ。ここでは「新平家物語」などの自筆原稿等が多数展示され、文豪の生涯にふれることができる。庭園には樹齢五、六百年のシイの老木が堂々たる風格で枝を張り、フキノトウなど「小さな春」が見つかる。梅林を見ながら足を休めると、ゆったりとしたぜいたくな気持ちになる。

浴室から多摩川を

吉野街道に出て二俣尾《ふたまたお》駅へ向かう。奥多摩橋から再び多摩川を望みT字路を左へ行くと駅に出る。奥多摩行きの電車に乗って松乃温泉水香園《すいこうえん》へ。電車の本数が少ないので時間を調べておくといい。川井駅で降りて青梅街道を奥多摩方面に歩くと水香園の看板が出ている。多摩川のほとりにひっそりとたたずむ割烹温泉旅館で日帰り入浴も可能。浴室からは多摩川の流れが見える。のんびりお湯につかって足を伸ばすと肌寒い日でも体が芯から温まる。

即清寺

●松乃温泉水香園
東京都西多摩郡奥多摩町川井640
☎0428（85）2221
一軒宿（ドライヤー・シャンプー・ボディソープ・タオル）
＊泉質／アルカリ硫黄泉　＊効能／筋肉痛、神経痛、美肌など　＊日帰り入浴は9時～19時　＊料金／入浴のみ1000円（混雑時は待つ場合もあるので問合せて出かけるといい）

●WC／梅の公園、青梅きもの博物館、吉川英治記念館

●ランチスポット／お弁当は梅の公園、梅郷中心地で。梅の公園には売店もあり、梅まつり期間中は付近に茶店も出る。梅料理を味わうなら吉野街道沿いの「梅の里 久兵衛」へ。梅料理御前コース2000円（税別）から。

●梅の見ごろ／毎年3月上旬～下旬頃。吉野梅郷一帯では3月いっぱい梅まつりを開催。

●問合せ／青梅市観光協会☎0428（24）2481

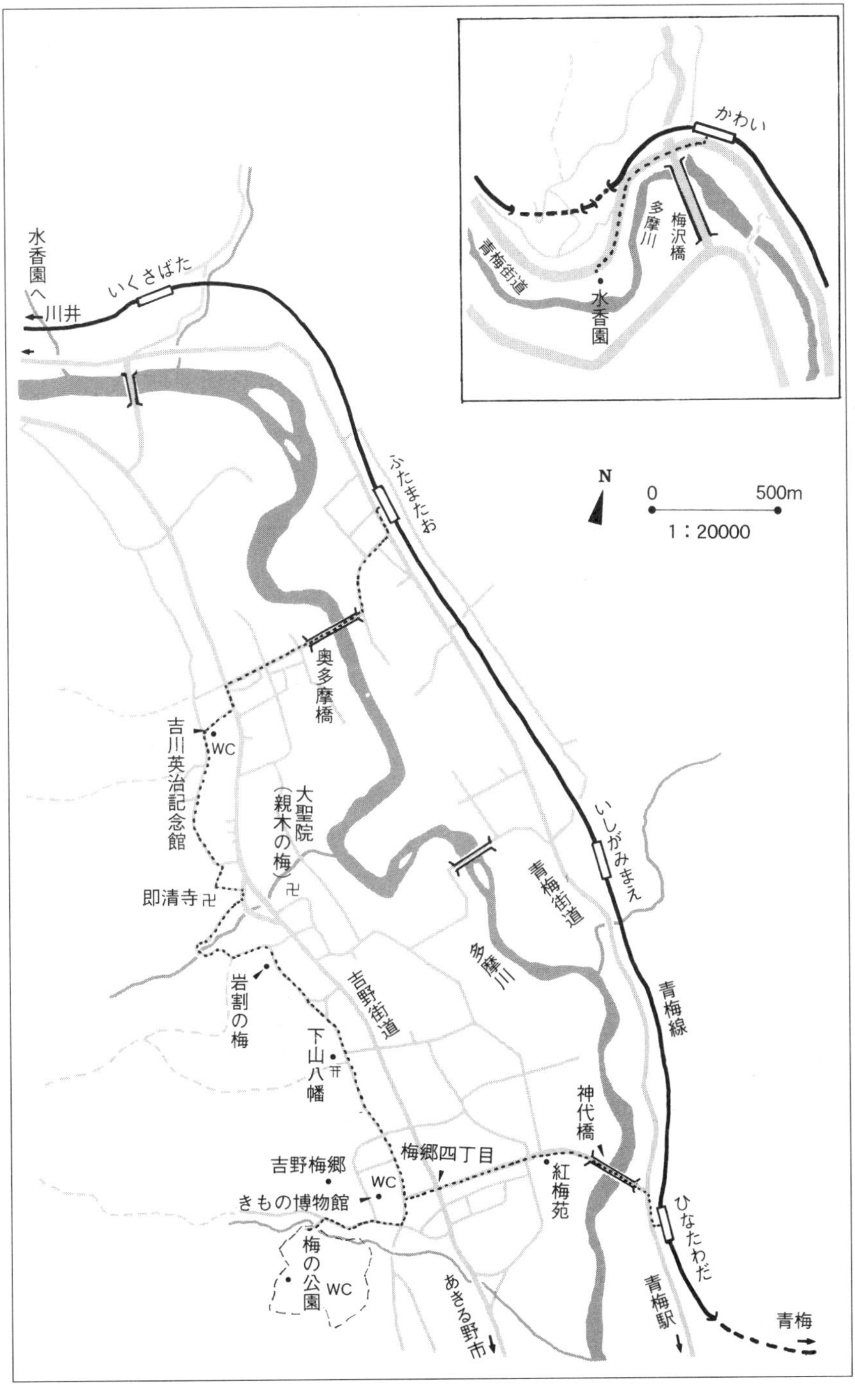
かわい
梅沢橋
多摩川
青梅街道
水香園
水香園へ
いくさばた
川井
ふたまたお
N
0
500m
1：20000
奥多摩橋
吉川英治記念館
WC
大聖院（親木の梅）
即清寺
いしがみまえ
青梅街道
多摩川
岩割の梅
吉野街道
青梅線
下山八幡
神代橋
梅郷四丁目
吉野梅郷
WC
紅梅苑
きもの博物館
梅の公園
WC
ひなたわだ
あきる野市
青梅駅
青梅

目黒区

文学、伝統工芸、そして桜並木

駒場&大江戸東山温泉

……駒場公園から目黒川へ

3月下旬〜4月初旬

駒場公園周辺にある東京都近代文学博物館と日本民芸館をめぐり、近代の日本文学や伝統工芸にふれる散策コース。近代文学博物館の建物はもと加賀藩前田邸。映画「鹿鳴館」の撮影舞台にもなった美しい洋館だ。東京大学のキャンパスや目黒川沿いの桜並木のお花見を楽しんだ後は、下町情緒あふれる大江戸東山温泉でのんびり汗を流そう。

京王井の頭線駒場東大前で下車し、駅東口を出ると東京大学教養学部の正門前だ。入口正面の時計塔は駒場のシンボル。ゴシック様式の建築は旧制一高時代のものだ。東大キャンパス内のグランドにはシダレ桜の並木がある。正門前を線路沿いに直進し、住宅地の中の案内板に従い右折すると駒場公園東口に至る。

東口を入ると、書院造りの和館とレンガ造りの洋館が建つ。共にもと加賀藩前田邸。現在、洋館は東京都近代文学博物館として、東京にゆかりの深い作家の初

◎モデルコース　1時間

●アクセス／京王井の頭線駒場東大前駅下車

駒場東大前駅→(10分)駒場公園・東京都近代文学博物館→(10分)日本民芸館→(10分)駒場野公園→(25分)池尻大橋→(5分)大江戸東山温泉

版本や原稿などの資料が展示されている。和館の広間も公開されており、縁側から眺める日本庭園と古木のたたずまいがいい。

民衆の生活から生まれた工芸品を堪能

前田侯爵が外国の貴賓を迎えたという洋館は、外観も美しいが室内装飾もみごとだ。大理石のマントルピースや彫刻がほどこされた柱。その空間に展示された夏目漱石や樋口一葉などの作家たちの筆跡を追っていると、行間からもその時代の息吹が伝わってくる。

東京都近代文学博物館

　駒場公園正門から出て左へ進み、突き当たりを左折するとまもなく日本民芸館に至る。昭和の初め、民衆の生活から生まれた工芸品に美と価値を見出す民芸運動が起こり、その創始者・柳宗悦《むねよし》らによって国内外のすぐれた民芸品の発掘や蒐集が行われた。その収蔵品を展示する日本民芸館は、蔵造りの外観に黒光りする木の床や階段が重厚な雰囲気を醸し出している。陶磁器、染・織物、木漆工、金工などの分野別に展示され

▼東京都近代文学博物館
もと加賀藩前田侯爵邸洋館。＊開館／9時～16時半　第1・3月曜休（祝日は翌日休）　隣接の書院造りの和館は広間のみ公開。ともに入館無料　＊問合せ／☎03（3466）5150

▼日本民芸館
＊開館／10時～17時　月曜休（祝日は翌日休）　＊入館料／一般1000円、高・大生500円、小・中生200円　＊問合せ／☎03（3467）4527

ており、なかなか見応えがある。

日本民芸館を出て左に折れ、ハナミズキの街路樹に沿って駅方面に戻る。途中右手の踏切を渡ると目の前が駒場野公園入口だ。園内には雑木林や水田もあり、かつての駒場野の面影を残している。

駒場野公園を抜け、大学入試センター横を通って進む。この一角、桜の古木がみごとだ。淡島通りに出て左折し、こまばエミナースの先の信号を右折し、道なりに下ると徳川家御鷹場の御用屋敷跡。さらに下って国道２４６号に出たら右に折れ、信号を渡ると目黒川沿いの道に出る。

桜のトンネルを抜けて温泉へ

ここからはみごとな桜並木が続く。目黒川にかかる橋の上から桜のトンネルを眺め、清流にカモやセキレイを見つつのんびり歩こう。大江戸東山温泉は常盤橋を渡ったすぐそばにあり、正真正銘天然温泉の幟《のぼり》が目印だ。温泉で一浴びしたら、目黒川沿いに中目黒駅まで歩いてもよし、池尻大橋へ戻ってもいい。

目黒川沿いの桜並木

●大江戸東山温泉
「長生きの湯」と「お楽しみの湯」の2コースがある
東京都目黒区東山3－1－6
☎03（3712）0356
日帰り温泉施設（ドライヤー・シャンプー・ボディソープ）
＊泉質／ナトリウム強塩温泉　＊効能／慢性皮膚病、婦人病、切傷など
＊第1・3火曜休（祝日は翌日休）
「お楽しみの湯」＊営業／10時～23時　＊料金／平日大人1260円　小学生840円　土日祝大人1830円　小学生840円
「長生きの湯」＊営業／9時～22時
＊料金／大人630円　小学生320円

●WC／東京都近代文学博物館、日本民芸館、駒場野公園
●ランチスポット／お弁当は駒場公園または駒場野公園で。コース中には食事処も多い。
●問合せ／目黒区広報課☎03（3715）1111

下北沢
いけのうえ
東大研究所
近代文学博物館
WC
和館
日本民芸館
WC
駒場公園
駒場野公園
WC
東京大学
教養学部
文
大学入試センター
こまばとうだいまえ
NTT研修センター
京王井の頭線
淡島通り
こまばエミナース
大橋通り
文
都立芸術高
東急本店
しんせん
東邦大学
大橋病院
道玄坂
いけじりおおはし
三軒茶屋
玉川通り
246
渋谷
大江戸東山温泉
大丸ピーコック
東急田園都市線
常盤橋
氷川橋
目黒橋
西郷山公園
南部橋
旧山手通り
千歳橋
野沢通り
N
山手通り
目黒川
西郷山通り
0
500m
1：18000
宿山橋
渋谷
別所橋
東急ストア
だいかんやま
自由が丘
東急東横線
なかめぐろ
駒沢通り

風に揺れるカタクリの花に会う

荒川村&日野温泉

……………武州日野からカタクリの里へ

3月下旬～4月上旬

奥秩父の入口、荒川村。静かな山村に春が訪れると、赤紫色のカタクリが一斉に花を咲かせる。このあたりはそば生産農家が集まる「そばの里」としても知られる所。カタクリの群生を見た後に手打ちそばを味わうちょっとぜいたくなプランはいかがだろう。のどかな山里の風景と澄みきった空気に足取りも軽くなるはずだ。

武州日野駅で降りるとホームから山の斜面にカタクリの花が見える。最初に目指すのはこの弟富士《おとふじ》南カタクリ自生地。駅を出て桜並木とレンギョウの間の細道を線路沿いに歩く。花の時期は案内板が出ているので迷うことはない。線路を渡り、赤い鳥居の並んだ斜面を上っていくとすぐカタクリ自生地。遊歩道を歩くと赤紫色のじゅうたんを敷きつめたように可憐なカタクリが咲いている。ほんの少しの風でもゆらゆらと花が揺れ、そっと手を差し伸べたくなる。

◎モデルコース　1時間5分

●アクセス／秩父鉄道武州日野駅下車

武州日野駅→（5分）弟富士南カタクリ地→（15分）大塚カタクリの里（散策20分）→（5分）白雲荘→（5分）道の駅荒川村→（15分）武州日野駅

▼弟富士南カタクリ自生地、大塚カタクリの里
二カ所の自生地が見学できる。弟富士山の山道でもカタクリが見られる。環境美化協力金として一人300円。　＊開園／8時～16時

遊歩道の出口には弟富士山へ上る登山道がある。傾斜は急だが歩道がよく整備されていて上りやすい。標高３８５ｍの山頂まで30分もあれば往復できるが、次のカタクリの里が傾斜地なので体力と相談してチャレンジするといい。

温泉のち手打ちそば

虚空蔵大菩薩堂を背に大塚カタクリの里へ向かう。秩父鉄道の手前で線路に沿って歩く。日野観光農園村の道標に従い、左に折れると果樹園が続く。このあたりはイチゴ、キノコ、ブドウ、クリ、リンゴなど果樹園の集まる農園村で年間を通して味覚狩りが楽しめる。お茶や桑畑も見られ静かな山里の風景だ。道端でオオイヌノフグリやタンポポを見つけたり、ウグイスの声を聞いたり。春を間近に感じ、足取りも軽くなってくる。

浅海園のリンゴ畑を過ぎると間もなく大塚カタクリの里。ここも山の斜面に遊歩道が整備されている。同じ花でもそれぞれ表情が違い、見ていて飽きることがない。

弟富士南の自生のカタクリ

カタクリの里から5分ほどで白雲荘。温泉宿だが日帰り入浴もできる。お風呂は内湯と露天風呂の二種類。内湯につかってから露天風呂「薬草の湯」に入るとお湯が少し熱め。石のお風呂を丸太の柵がぐるっと囲み、外の風が心地よい。

入浴後は荒川村特産のそばを味わおう。三角屋根の建物を目指していくと、道の駅の向かいにあづまや園がある。地粉で打った手打ちそばが自慢の店。温泉で体がほてったところに冷たいそばは嬉しい。麺にコシがあり、そばの香りがして何とも言えずいい味だ。

デザートにもぎたてイチゴ

道の駅・荒川村を覗くとそば粉、そば茶、そばクッキー、そば豆腐といったそば製品を販売している。土地ならではの特産は見るだけでも楽しめる。隣があらかわビジターセンター。荒川村の自然が学べる資料館になっている。道の駅の角を曲がって駅に戻る。

周辺の観光農園ではイチゴ狩りができるので、デザートにもぎたてのフルーツを味わっていくのもいいだろう。

道標をたどりながら武州日野駅まで15分ほど。隣の武州中川駅で降りると、近くにシダレ桜の名所清雲寺がある。樹齢六百年を越える天然記念物の老木があり、足を運ぶ価値はある。

白雲荘の露天風呂

▼埼玉県あらかわビジターセンター
＊入館無料　＊入館／9時～17時　火曜休（祝日の翌日休）　＊問合せ／☎0494（54）2014

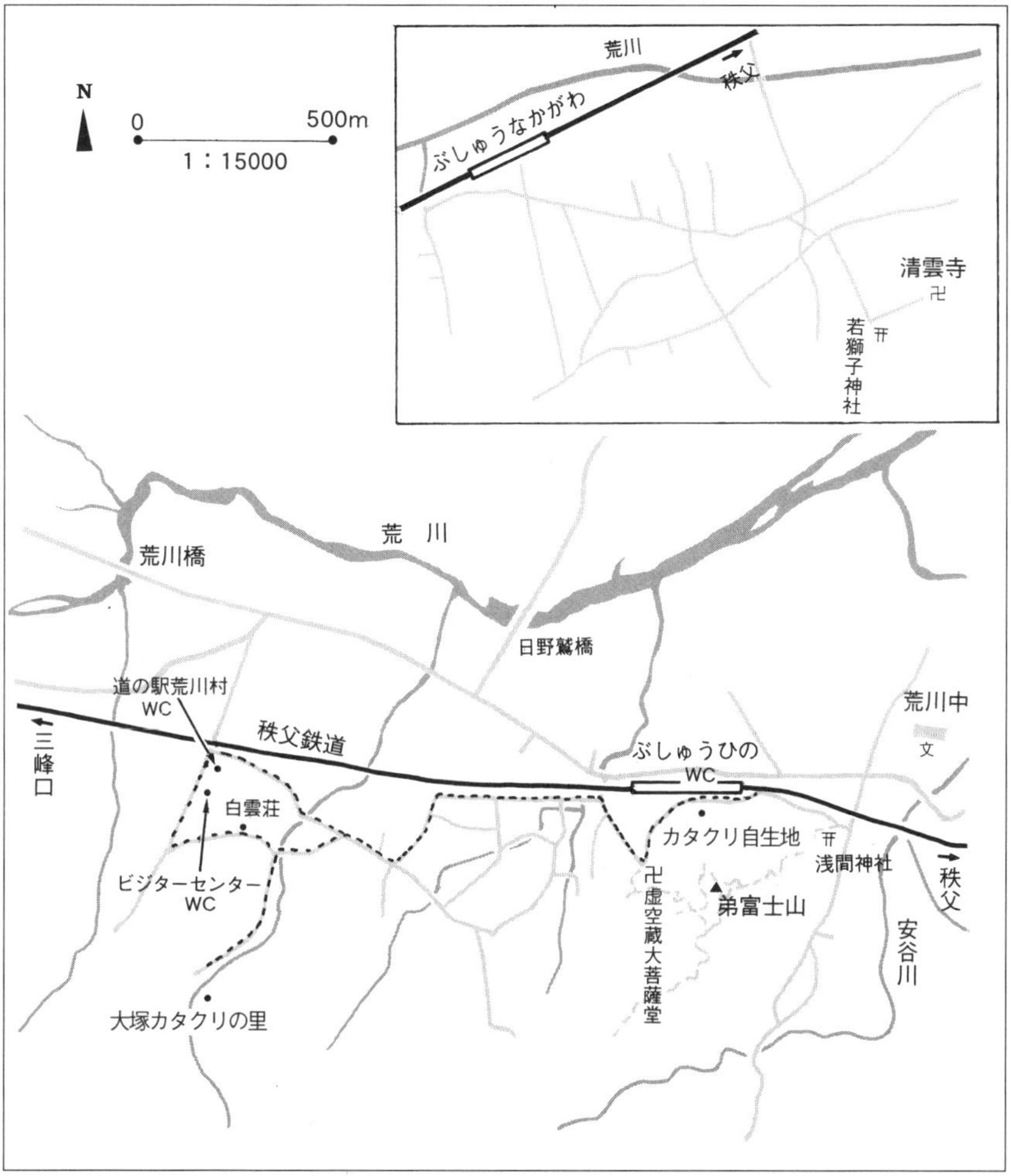

●日野温泉白雲荘

埼玉県秩父郡荒川村日野542
☎0494（54）1180
温泉宿（ドライヤー・シャンプー・ボディソープ）
＊泉質／ラジウム温泉　＊効能／神経痛、肩こり、腰痛、冷え症、花粉症、美容など　＊営業／11時〜20時　＊料金／大人800円、子ども600円、4・5人のグループなら貸切露天風呂（一人1500円、要予約）も利用可、懐石料理付7000円〜（要予約）　＊近くの鳩の湯（☎0494・54・1190）でも日帰り入浴ができる。

●WC／武州日野駅、あらかわビジターセンター、道の駅・荒川村

●ランチスポット／あづまや園
＊営業／10時〜16時　火曜休。山菜の天ぷらがセットになった天ざる700円など。

●カタクリの見ごろ／3月下旬〜4月上旬

●問合せ／荒川村役場産業観光課
☎0494（54）2114

秦野市

露天風呂で花の余韻に
弘法山&鶴巻温泉
……丹沢の低山めぐり

3月下旬～4月上旬

弘法大師が修行したと伝えられる弘法山から権現山にかけては桜の木が多く、桜の名所として知られる。低山ながら展望の良さと、駅から歩き始めて駅まで歩ける便利さ、下山後の温泉の楽しみ、と三拍子揃ったハイキングの入門コースだ。桜の咲く春から新緑のころがおすすめ。鶴巻温泉はカルシウム含有量世界一とか。効果も大!!

秦野《はだの》駅北口の階段を下り、駅正面のまほろば橋を渡って右折し、水無川に沿って進む。秦野二宮線（県道71号線）に突き当たったら左折し、河原町交差点を直角に渡り道の反対側をさらに先へ進むと、まもなく弘法山入口の石碑が立つ。その前の小さな橋を渡って「弘法山公園《こうぼうやま》登り口」の標識を入ると、いよいよ山道に入る。樹林の中のやや急な斜面をジグザグに上って行くと、眼下の秦野の街並が次第に遠のき、20分ほどで浅間山《せんげんさん》の広場に着く。

◎モデルコース　3時間5分

●アクセス／小田急線秦野駅下車。帰路は鶴巻温泉駅

秦野駅→（25分）弘法山公園入口→（50分）権現山→（10分）めんようの里→（10分）弘法山→（30分）善波峠分岐→（30分）吾妻山→（30分）鶴巻温泉・美ゆき旅館

弘法山のめんよう

浅間山からは秦野市街や丹沢の山々を望み、晴れた日には富士山や箱根の山々も見える。広場にはあずまややベンチもあるので、眺望を楽しみ、一息入れてから先へ進もう。木のブロックを敷いた道に沿って下ると、いったん車道に出るが横切って権現山《ごんげんやま》の標識が立つ山道を進む。最後に階段を上りきると権現山の頂上に出る。

千畳敷といわれる権現山の頂上は広く、桜の木が多いので花の見ごろはハイカーで賑わう。広場には展望台や歌人・前田夕暮の歌碑、野鳥を観察できるバードサンクチュアリなどがある。

千畳敷を少し下ると、数百mに渡ってまっすぐ平らな尾根が続く。かつてここで近在の農民が草競馬を楽しんだ馬場道だという。ここから桜の枝ごしに望む眺めもいい。

相模平野と丹沢を望む

馬場道が終わり、弘法山の登りにかかる手前の舗装道路を下るとめんようの里。広い牧場には、めんようがのんびりと群れている。その先のログハウス風の木里館

▼弘法山
桜の名所。この山の山頂で弘法大師（七七四～八三五）が修行したと伝えられる。弘法大師像を奉った大師堂や、鐘撞堂、弘法の乳の井戸跡、石塔などがある。乳の井戸は、ここに白色の水が湧く井戸があり、これで粥を煮炊きすれば乳が出るという信仰があった。

内の茶屋弘法では食事ができ、バーベキューやジンギスカンなども味わえる。また、入口の売店では地元の農産物や羊毛を使った手作り品なども売っている。

登山道に戻ってひと上りすると、標高235mの弘法山に着く。山頂には鐘楼と大師堂、乳の井戸跡がある。相模平野と丹沢を望む山頂からの眺めは、かながわの景勝五十選に選ばれている。

大師堂の脇から雑木林をゆるやかに下り、善波《ぜんば》峠分岐を右に進むと、樹間から国道246号が見え隠れする。道は次第に下り鉄塔を過ぎると吾妻山はもうすぐ。吾妻《あずま》山の山頂からは鶴巻温泉街の家並が見渡せる。

ひと休みしたら温泉をめざして下ろう。畑の脇の石標が立つ分岐を右へ進み細い坂道を下ると、やがて前方に東名高速道の防音壁が見えてくる。東名下のトンネルをくぐり、住宅地を直進するとまもなく鶴巻温泉美ゆき旅館に着く。水車と花瓶にさした桜のひと枝が風情を添える露天風呂につかり、花の余韻に浸ろう。

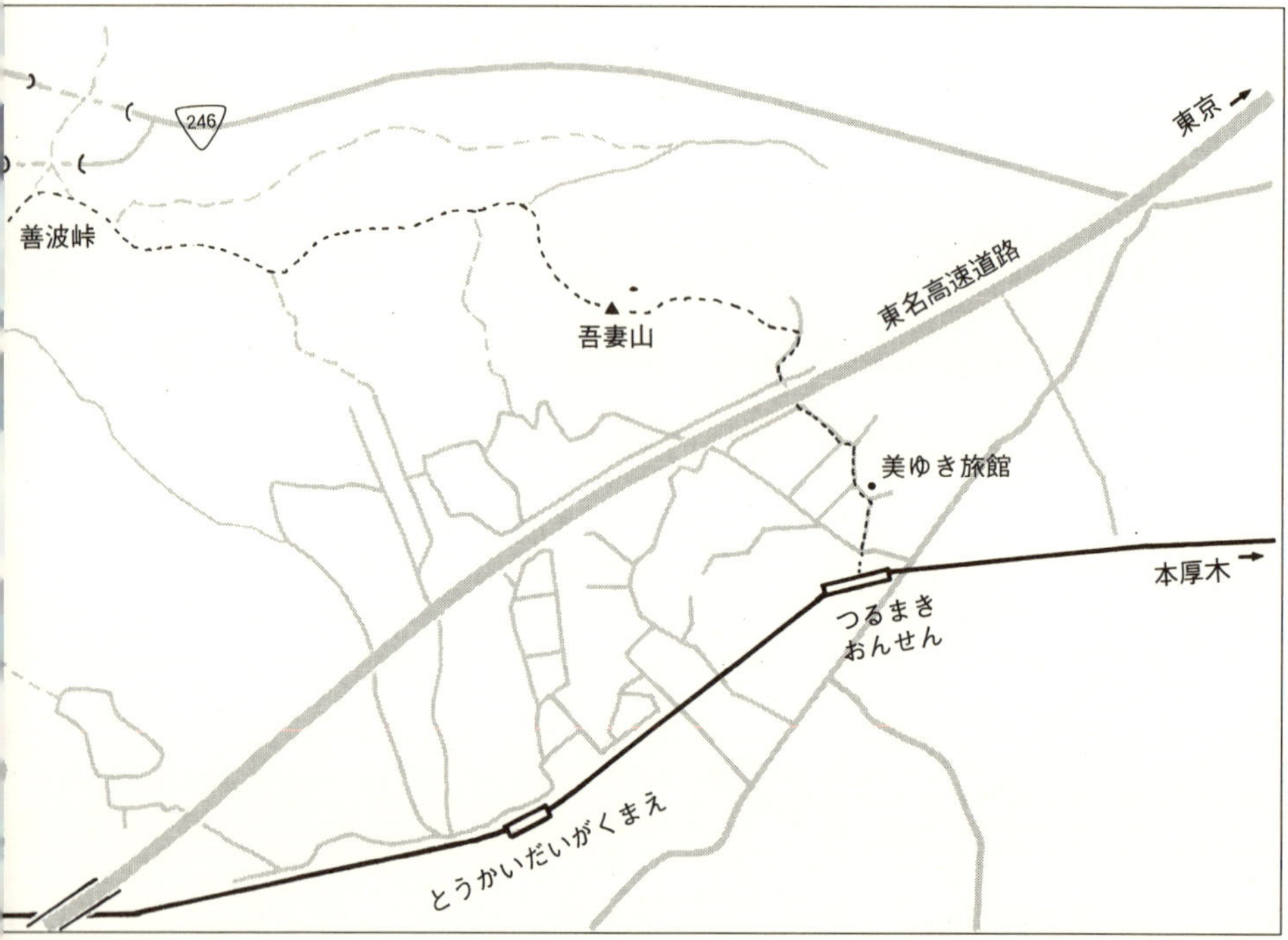

美ゆき旅館の露天風呂

●**鶴巻温泉美ゆき旅館**
神奈川県秦野市鶴巻北3-7-1
☎0463（77）1230
温泉旅館（ドライヤー・シャンプー・ボディソープ・タオル）　＊泉質／カルシウム泉　＊効能／神経痛、リウマチ、婦人病など　＊営業／10時～20時　無休　＊料金／入浴のみ1000円　個室利用食事&入浴セット5000円～

●**WC**／秦野駅、浅間山園地、権現山、馬場道、めんようの里

●**ランチスポット**／お弁当は権現山か弘法山山頂で。めんようの里の茶屋弘法では定食、松花堂弁当、特製天ざるそばのほかバーベキュー、ジンギスカンなどのメニューが1000円～1500円ぐらい。15時からはティータイム。アイスクリームもおいしい。＊営業／11時半～21時　月曜休　＊問合せ／0463（83）0468

●**桜の見ごろ**／3月下旬～4月上旬

●**問合せ**／秦野市商工観光課
☎0463（82）5111

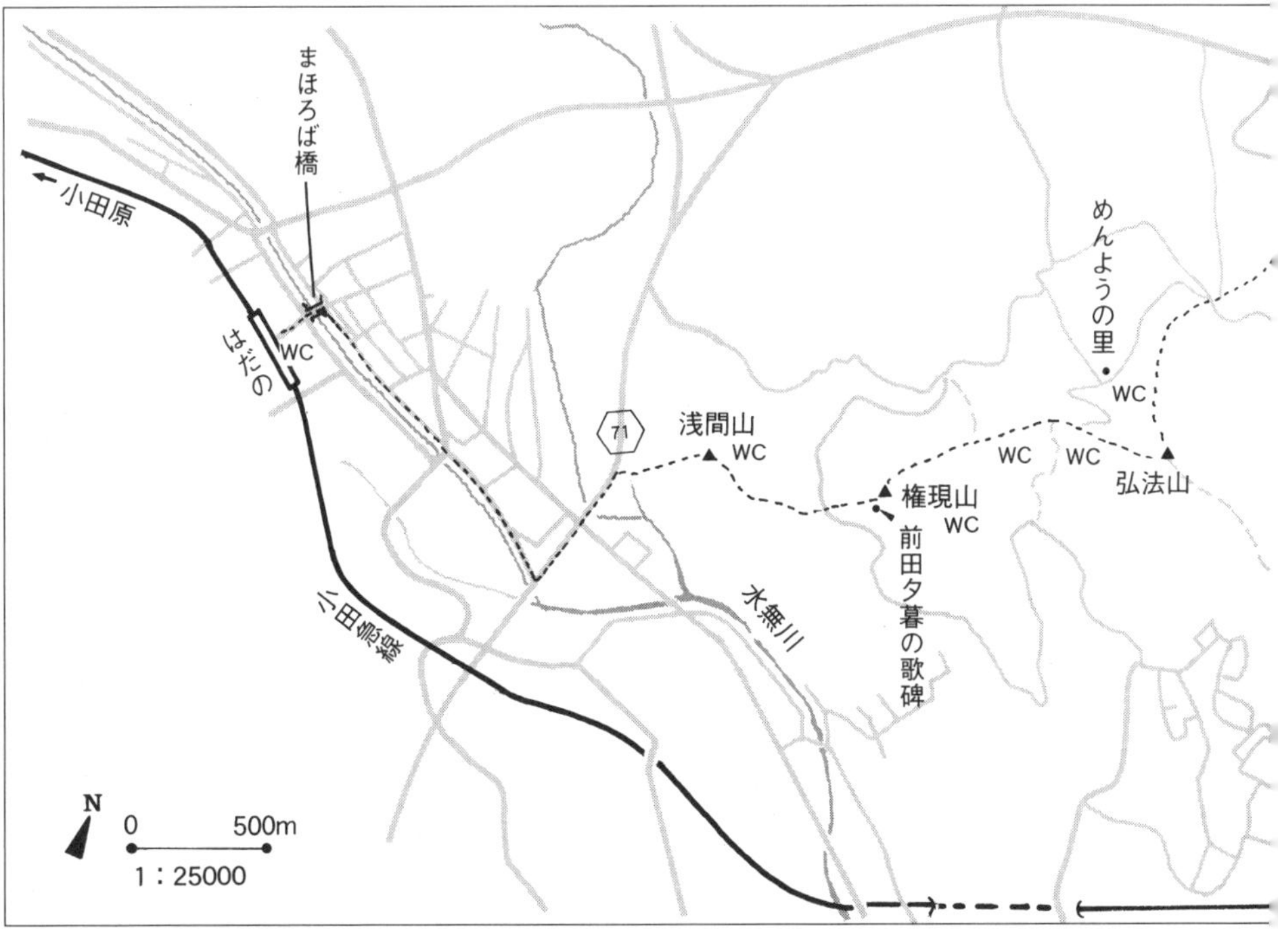

桜あふれる山里を行く

羊山公園＆武甲温泉

……西武秩父から横瀬川へ

4月上旬～中旬

秩父の桜の名所、羊山公園。小高い丘の公園に約八百本の桜が咲く。東京の開花予想日から4、5日後なので、見逃してしまった人はぜひここへ。園内の美術館で棟方志功の作品にふれたり、秩父札所のお寺をめぐったり。のどかな横瀬の里を歩けば、気持ちもゆったりとしてくる。帰りには武甲温泉に立ち寄っていこう。

西武秩父駅の改札を出ると土産物店の続く秩父仲見世通り。駅前に彩の国ふるさと秩父観光情報館がある。付近の地図や入館割引券が置いてあるので覗いていくといい。駅前をまっすぐ歩くと左前方に羊山《ひつじやま》公園が見えてくる。こんもりした丘に桜並木が美しい。国道１４０号を渡って左へ、ガソリンスタンドを右へ折れると牧水の滝。滝つぼの池にかかる橋を渡って羊山公園へ。

見晴らしのいい丘の上からは秩父市内が展望できる。秩父ミューズパークやハ

◎モデルコース　1時間20分

●アクセス／西武池袋線飯能駅で西武秩父線に乗り換え、西武秩父駅下車

西武秩父駅→（15分）羊山公園→（20分）大慈寺→（25分）語歌堂→（20分）武甲温泉

▼羊山公園

秩父市と横瀬町にまたがる丘陵の公園。四季折々の花が咲き、桜の時期が過ぎると6月にはハナショウブが、9月ごろには秩父市の花ギブネギク（別名シュウメイギク）が淡紅紫色の花を咲かせる。

ープ橋が正面に見え、街中いたる所で桜が開花している。

秩父のシンボル武甲山を仰ぐ

桜のトンネルをくぐりながら武甲山《ぶこうさん》資料館へ。秩父のシンボル、武甲山に生息する動植物を紹介している。資料館の先が、やまとーあーとみゅーじあむ。館長の富田孝氏が集めた棟方志功《むなかたしこう》の作品を中心に紹介している。緑の中でゆったりと芸術にふれると、何だか心が洗われるようだ。

札所十番大慈寺

美術館脇の遊歩道を下りて姿の池に出る。池のほとりにも桜が咲き景観がいい。坂氷交差点を渡り、県道熊谷小川線へ。「札所十番」の道標に従って脇道に入ると大慈寺。石段の先にみごとな仁王門が控え、桜の花が彩りを添えるように美しい。

県道に戻り「札所五番」の道標をたどって語歌《ごか》堂に向かう。車の往来が少なくなり、静かな山里の風景になる。少し行くとみかど農園のイチゴハウスが並ぶ。ハウスの開いた所から見える真っ赤なイチゴがおいし

▼やまとーあーとみゅーじあむ
＊開館／10時〜16時　火曜休（祝日は翌日休）　2月と9月に展示替　＊入館料／一般700円、大・高生500円、小・中生300円　＊問合せ／☎0494(22)8822

▼みかど農園
イチゴ、ブドウ、シイタケ、サツマイモなど一年中味覚狩りが楽しめるファミリー農園。イチゴ狩りは1月中旬〜6月中旬ごろ。　＊料金／小学生以上食べ放題1200円、4月16日以降は1000円　＊問合せ／☎0494（23）1478

そう。寄り道してイチゴ狩りしていくのもいい。農園の先で横瀬大橋に差しかかると石灰質の武甲山がくっきり見える。

山あいの里に畑が広がり

橋を渡り十字路を左に折れて語歌堂へ。和歌の好きな創立者にちなんだ名称で、文芸や学問上達を願う人が訪れるという。道を戻ってまっすぐ。下横瀬橋を渡ると横瀬川のほとりに武甲温泉がある。

温泉の大浴場に入ると大きなガラス窓から露天風呂が見える。石の露天風呂はあずまやのような屋根が陽射しをさえぎってくれるので、のんびり外の空気にふれながら入浴できる。

武甲温泉から南へ、横瀬小・中学校の前で細道を降り、横瀬町歴史民俗資料館の大きな看板に向かって歩く。国道２９９号を渡り町民会館前の坂を上っていくと札所九番明智寺。

ここから横瀬駅までは標識をたよりに歩けばいい。山あいの里に畑が広がり、昔ながらの風景に出会える。西武線に突き当たると駅は近い。

秩父湯元武甲温泉

▼秩父札所
秩父盆地に点在する三十四カ所のお寺。札所とは観音信仰に基づいて設定された霊場を指し、巡礼の際、名前・年号を書いた板を打ちつけたことにちなむ。西国三十三カ所、坂東三十三カ所と共に日本百番観音霊場に数えられている。札所には数々の文化財が残る。

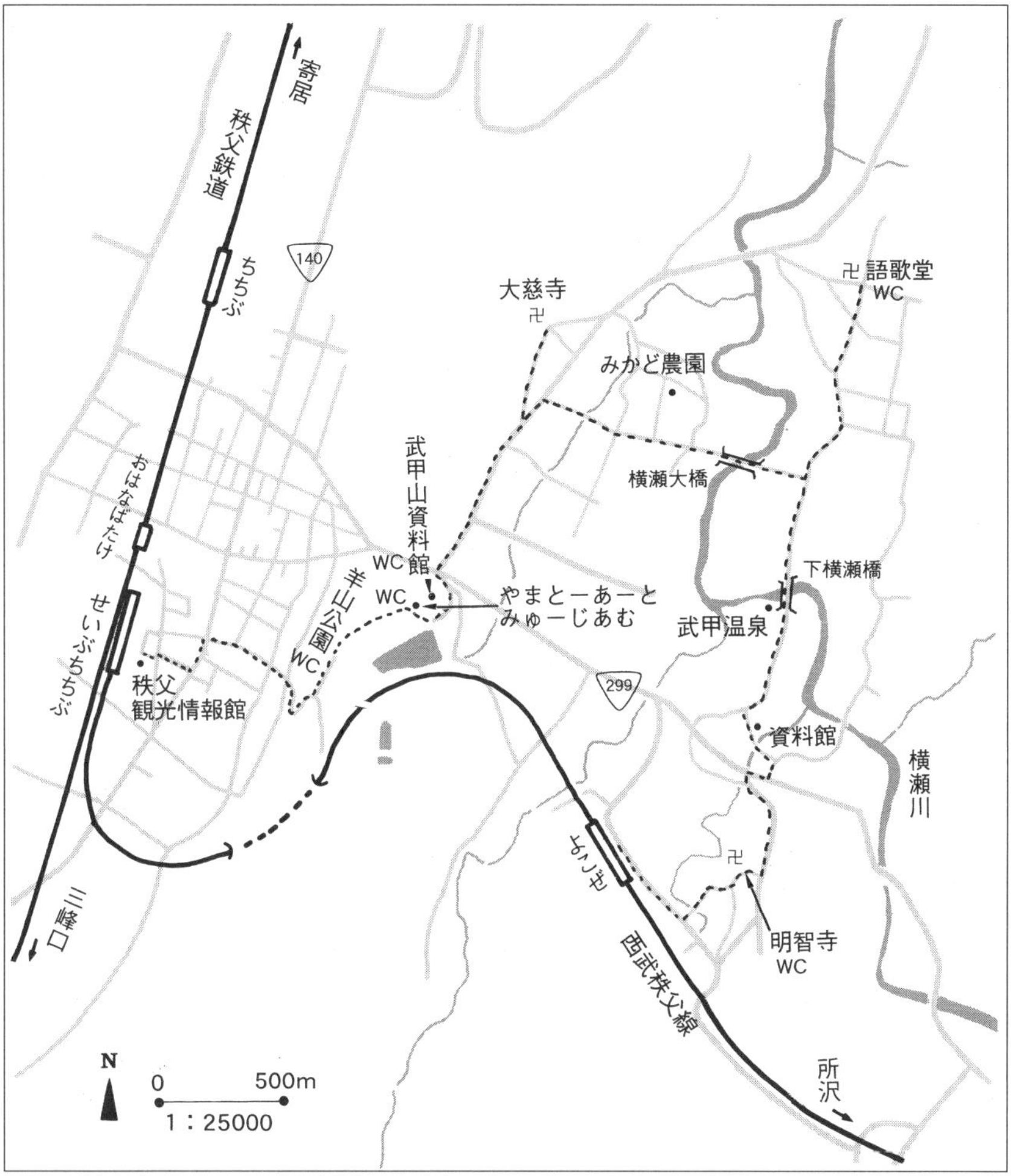

●秩父湯元武甲温泉
埼玉県秩父郡横瀬町横瀬4628-3
☎0494（25）5151
日帰り入浴施設（ドライヤー・シャンプー・ボディソープ）
＊泉質／単純硫黄温泉　＊効能／神経痛、筋肉痛、関節痛、慢性消化器病、冷え症、疲労回復など　＊営業／10時〜22時　無休　＊料金／平日一般600円、小学生以下400円　土日祝3時間まで100円増

●WC／羊山公園、やまとーあーとみゅーじあむ、武甲山資料館、語歌堂、明智寺

●ランチスポット／お弁当は羊山公園か武甲温泉そばの河原で。姿の池近くに洋食店「快晴軒」が。武甲温泉にもうどん、そばなどのメニューがある。春夏限定メニューの冷やし汁うどん（600円）はごまだれがさっぱりしている。

●問合せ／彩の国ふるさと秩父観光情報館☎0494（25）3192

柏市

十五万本のチューリップと風車
あけぼの山農業公園＆柏天然温泉
……あけぼの山から手賀沼へ

4月中旬

一面のチューリップと風車。まるで絵に描いたような風景が首都圏でも見られる。柏市のあけぼの山農業公園では毎年4月中旬になると約十五万本のチューリップが咲き揃う。同時に芝桜と菜の花も見られ、まさに春爛漫といった感じ。花畑を歩いた後は布施弁天などの史跡をめぐり、JR柏駅に近い柏天然温泉で汗を流していこう。

「あけぼの山公園入口」でバスを降り、案内板をたよりに畑の続くのどかな道を歩く。公園に着いたら本館で園内マップをもらっておこう。芝生の広場を抜け、風車を目指して歩くと色とりどりのチューリップが咲いている。赤、白、黄色、紫、桃色……。ゆっくり回る風車とチューリップの組み合わせは、まるでヨーロッパの国を訪れたようだ。隣は菜の花畑で、ここから風車を見るのもいい。

日本庭園の先が紅竜山東海寺（布施弁天）。石段を上り、総欅入母屋《そうけやきいりもや》造りの楼

◎モデルコース　1時間38分

●アクセス／JR常磐線・千代田線我孫子駅北口からバス「あけぼの山公園入口」行きで終点下車

あけぼの山公園入口バス停→（10分）あけぼの山農業公園→（3分）布施弁天→（20分）八坂神社→（20分）高野台児童公園→（20分）北柏駅南口→（20分）柏公園→（5分）柏天然温泉ゆの華

▼あけぼの山農業公園
チューリップのほかにも初夏のポピー、ハナショウブ、夏のヒマワリ、秋のコスモスなど四季折々の花が楽しめる。＊開園／9時～17時　月曜休（祝日は翌日休）　問合せ／☎0471（33）8877

門をくぐると境内はさらにひっそりとしている。手水所《ちょうず》には地下60ｍから汲み上げる浄水、竜頭泉があふれ、歴史を刻んだ建物に木々の緑が美しい。

40種類のお湯がある天然温泉

弁天前を右へ。寺山坂上バス停付近までゆるやかな上り。下りになって道が分かれた所に「右流山道、左江戸道」の道標がある。南龍寺に立ち寄り道標を右へ、県道に出たら横断するが、信号がないので車に注意しよう。庭先の広い農家や、昔ながらの家屋にほっとするうちに善照寺に到着。駐車場の看板を入ると一遍上人《いっぺんしょうにん》の石像が迎えてくれる。

先の十字路を右に八坂神社へ。神輿《みこし》殿には豪華な神輿が納められている。善照寺の裏手を通り富勢西小の先で県道を渡る。クリーニング店を左に折れて道なりに。団地の間を通り高野台児童公園に出ると軍事施設の名残りの旧高射砲第二連隊営門が保存されている。

公園の脇をまっすぐ歩き、とんかつ屋の

あけぼの山農業公園のチューリップ畑

▼紅竜山東海寺（布施弁天）
浅草弁天山、江の島と共に関東三弁天の一つ。八二三年、嵯峨天皇の時に建立。楼門、本堂、鐘楼はそれぞれ一七〇〇～一八〇〇年代の創建で柏市の文化財に指定されている。

▼善照寺
本堂には柏市指定文化財で鎌倉時代の作とされる銅造阿弥陀三尊像がある。

次の小さな十字路を右へ下りていく。突き当たりを右へ行き、我孫子《あびこ》市との境界をたどる形でバス通りに出る。北柏駅入口の信号を渡り駅を経由して南口へ。

バスロータリー前の信号を渡って先の道をまっすぐ進み北柏ふるさと公園へ向かう。手賀沼《てがぬま》のほとりの広々とした公園でひと休みしよう。柏ふるさと大橋を渡ると柏ふるさと公園。駐車場前の道に出て橋をくぐる。市民文化会館まで歩いたら、大ホールと小ホールの間の階段を上ると柏公園に通じている。

公園を抜けて桜並木を歩いて国道16号に出る。車の多さに閉口するが、歩道橋を渡って柏天然温泉ゆの華は近い。

お風呂は天然温泉白金《プラチナ》の湯をはじめ40種類。浴室は1階が和風、2階が洋風で連日男女が入れ替わる。露天風呂から空を仰ぎ、電線がチラッと見えるとここが街中なのだと実感する。薬草風呂は漢方薬の香りがしていかにも健康になりそうだ。

帰りは柏公園入口の信号を左へ、巻石堂病院の交差点でサンサン通りを入ると柏駅は間近だ。

●柏天然温泉ゆの華
千葉県柏市柏6-10-15
☎0471（62）4126
日帰り温泉施設（ドライヤー）
＊泉質／ナトリウム-塩化物強塩温泉　＊効能／神経痛、筋肉痛、関節痛、慢性皮膚病、慢性婦人病、疲労回復など　＊営業／平日10時～深夜2時　土日祝8時～深夜2時　無休　＊料金／大人800円、小人（4才～小学生）400円　手ぶらセット1100円（入浴料+タオル・石けんセット）

●WC／あけぼの山農業公園、布施弁天前の駐車場、高野台児童公園、北柏ふるさと公園、柏ふるさと公園、柏公園

柏天然温泉ゆの華

●ランチスポット／あけぼの山公園。売店ではおにぎり・お弁当などを販売。園内のバーベキューガーデンかしわでは焼肉ランチが800円から。北柏駅まで行くと付近に食べるところがある。

●バス／「あけぼの山公園入口」行きは平日で1時間に3本、土日祝は1時間に2～3本出ている。

●チューリップの見ごろ／4月中旬。期間中の土日にチューリップフェスティバルが開催される。

●問合せ／柏市商工課☎0471（67）1111

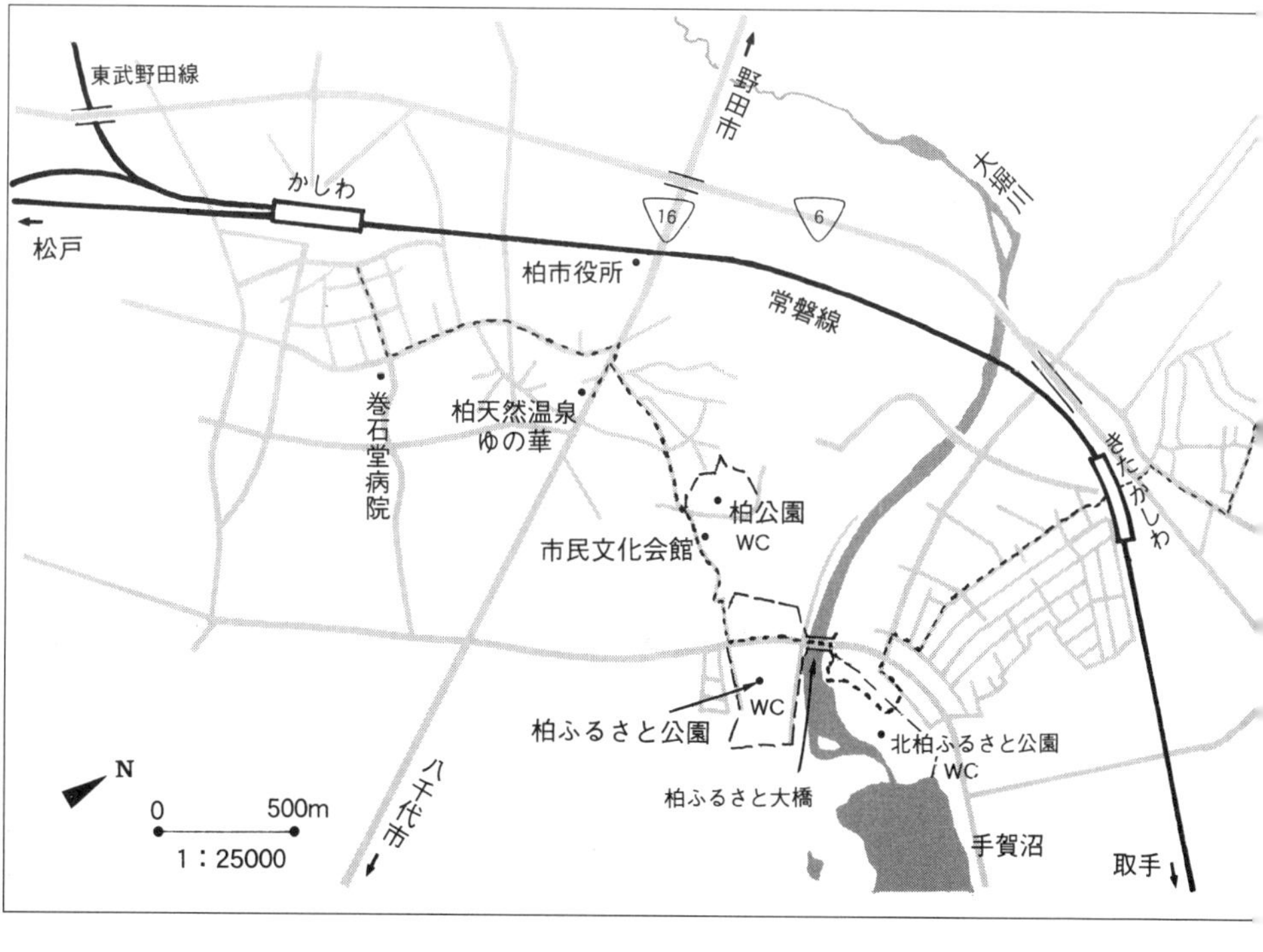

新緑の渓流ウオーク

鳩の巣渓谷&もえぎの湯

……古里から白丸湖へ

4月下旬〜5月

大多摩ウオーキングトレイルのコースをたどり、鳩の巣渓谷から数馬峡遊歩道へ。山道や渓流沿いに広がる、萌える青葉が清々しい。水と緑の景色を楽しみ、森の空気を満喫する森林浴コース。歩いた後は町営温泉もえぎの湯へ。露天風呂から新緑の多摩川を見下ろし、温泉につかりながら森林浴できるぜいたくなスポットだ。

古里《こり》駅で降りて青梅街道に出る。ゆるやかに坂を下り、増田木材のところで大多摩ウオーキングトレイルコースへ。青梅街道から道を一本入るだけで、ぐっと静かになる。清水橋を渡り、次の寸庭《すにわ》橋で多摩川を渡る。川の両岸に目の覚めるような緑の風景が広がる。

対岸に渡ると川沿いへ降りる道がある。木の根や岩が出ているので注意して歩こう。付近にはシャガの群生が見られる。途中で多摩川を離れて山道になる。傾

◎モデルコース　2時間10分

●アクセス／JR青梅線古里駅下車

古里駅→（15分）寸庭橋→（25分）峠の分岐→（15分）雲仙橋→（5分）鳩の巣小橋→（15分）白丸ダム→（20分）数馬峡橋→（15分）海沢橋→（20分）もえぎの湯

斜の急な所があるので、ハイキングの装備で出かける方が無難だ。

露天風呂から多摩川を見下ろす

越沢の標示まで来ると木橋があり、森の中で湧水を見つけたようなホッとする場所だ。さらに上りが続き、展望の開けた所にベンチと民家がある。少し急な上りになり、岩場が多くなるとやがて峠の分岐。奥多摩の町を一望でき、新緑の山が美しい。丸太のベンチでひと休みして鳩の巣方面に下る。

鳩の巣渓谷

ここからは道幅も広がり、歩きやすい。舗装道と合流し、民家が続いて雲仙橋に出る。この橋は幅２ｍほどの石の橋で真下が鳩の巣渓谷。急流が岩にぶつかって白く渦を巻いている。両岸の切り立った崖がＶ字形を刻み、見ていると足がすくみそう。橋を渡りすぐ左へ、急な坂を降りていくと一心亭。橋のたもとに注ぐ水神の滝が涼しげだ。一心亭の庭先を通り、渓流沿いを歩いて鳩の巣小橋へ。木の吊橋は歩くと揺れるので、身体に力が入ってしまう。向こう岸

▼鳩の巣渓谷

明暦二年の江戸の大火など、江戸年間だけで大火を99回記録。江戸市中に復興材を流送するため、多摩川沿岸では各地に人夫を泊める飯場小屋が建てられた。魚留滝(今はない)の上の飯場に祭った水神社の森に、二羽の鳩が仲むつまじく巣を営んだことからいつしか鳩の巣飯場と呼ばれるようになり、これが地名になった。

▼白丸ダム

昭和三七年に建設された高さ３・０３ｍ、長さ61ｍの溢流型直線重力式ダム。御岳にある第三発電所の調整池になっている。

に遊歩道が続き、多摩川を上流へ行く。

道なりに歩いて、急な石段を上りきると白丸ダムに出る。遊歩道は白丸湖岸へと続く。水量があり穏やかな湖を眺め、さらに数馬《かずま》峡遊歩道へ。トンネルを抜けると海沢《うなざわ》の集落。ここから「奥多摩方面へ」の道標をたよりに海沢橋を渡る。青梅街道に出るとトラックがよく通るので注意しよう。少し行くと「もえぎの湯」への案内板が出ている。

ここは奥多摩町の町営温泉。ハイカーに人気の立ち寄り湯で、土日や時間帯によっては順番待ちになる。なるべく早めに着くようにしたい。露天風呂からは多摩川が見下ろせ、新緑が美しい。お湯につかりながらの森林浴は足腰の疲れが一気に解消するようだ。

青梅街道に出て奥多摩駅へ。駅前の交差点を曲がると関東の駅百選に選ばれたアンティークな駅舎が見えてくる。付近の土産物店ではワサビや地粉などが並んでいるので覗いてみるといいだろう。寸庭橋からの上りのコースに自信のない方は、鳩ノ巣駅からスタートしてのんびり渓流ウオークを楽しむといい。

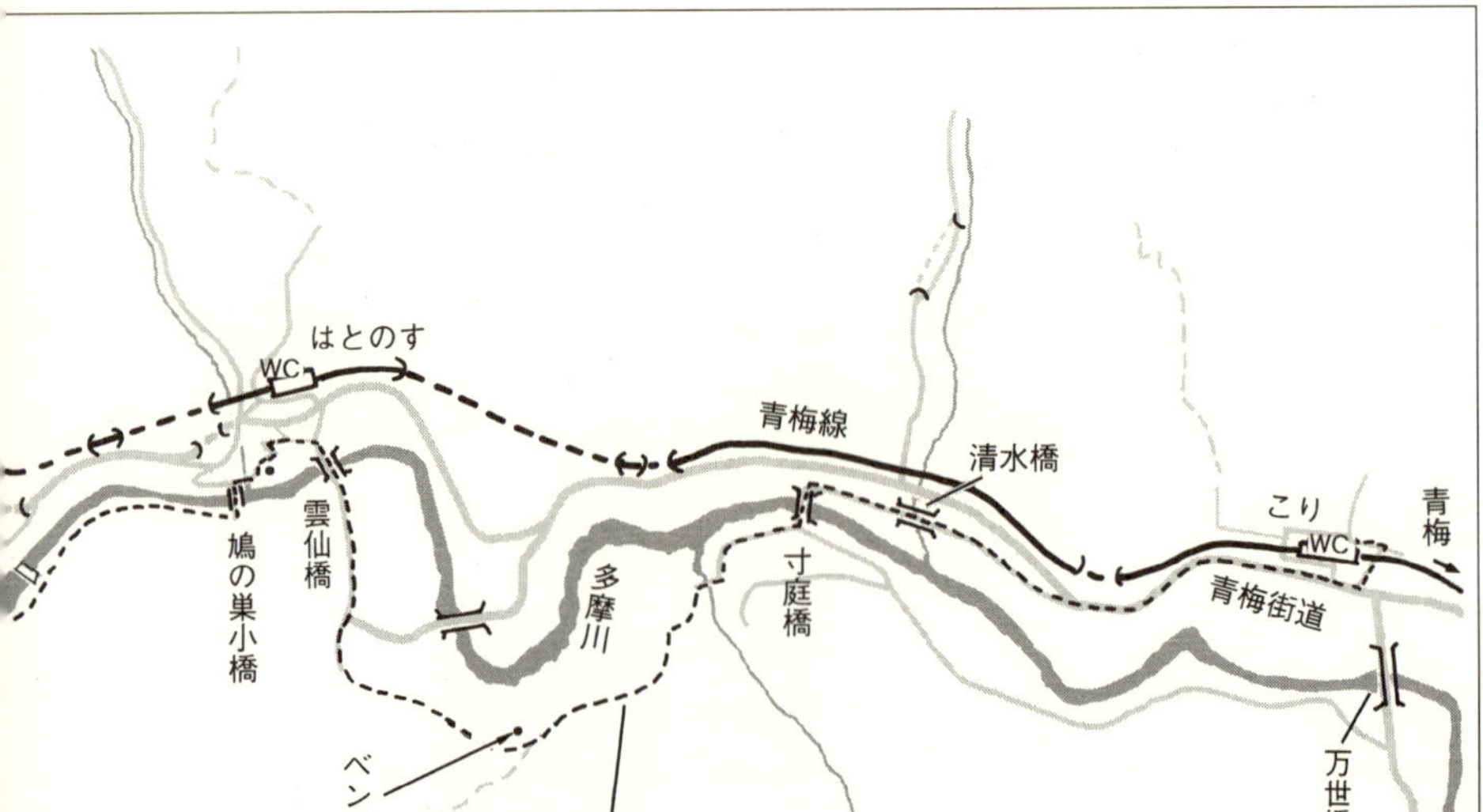

●奥多摩温泉もえぎの湯
東京都西多摩郡奥多摩町氷川119-1
☎0428（82）7770
日帰り温泉施設（ドライヤー・シャンプー・ボディソープ）
＊泉質／フッ素　＊効能／神経痛、筋肉痛、関節痛、五十肩、運動麻痺、疲労回復など　＊営業／3月～11月10時～21時、12月～2月10時～19時　月曜休（祝日は翌日休）　＊料金2時間まで／大人700円、小人400円、未就学児無料　タオル200円で販売

奥多摩温泉もえぎの湯

●WC／古里駅、鳩ノ巣駅、奥多摩駅

●ランチスポット／鳩の巣小橋のたもとにうどん・そばの店一心亭（火曜休）が、数馬峡橋のそばに食事処鴨足草《ゆきのした》がある。もえぎの湯でもうどん、そば、おこわなどのメニューがある。お弁当は鳩の巣渓谷で。

●新緑の見ごろ／4月下旬～5月

●問合せ／奥多摩町観光案内所
☎0428（83）2152

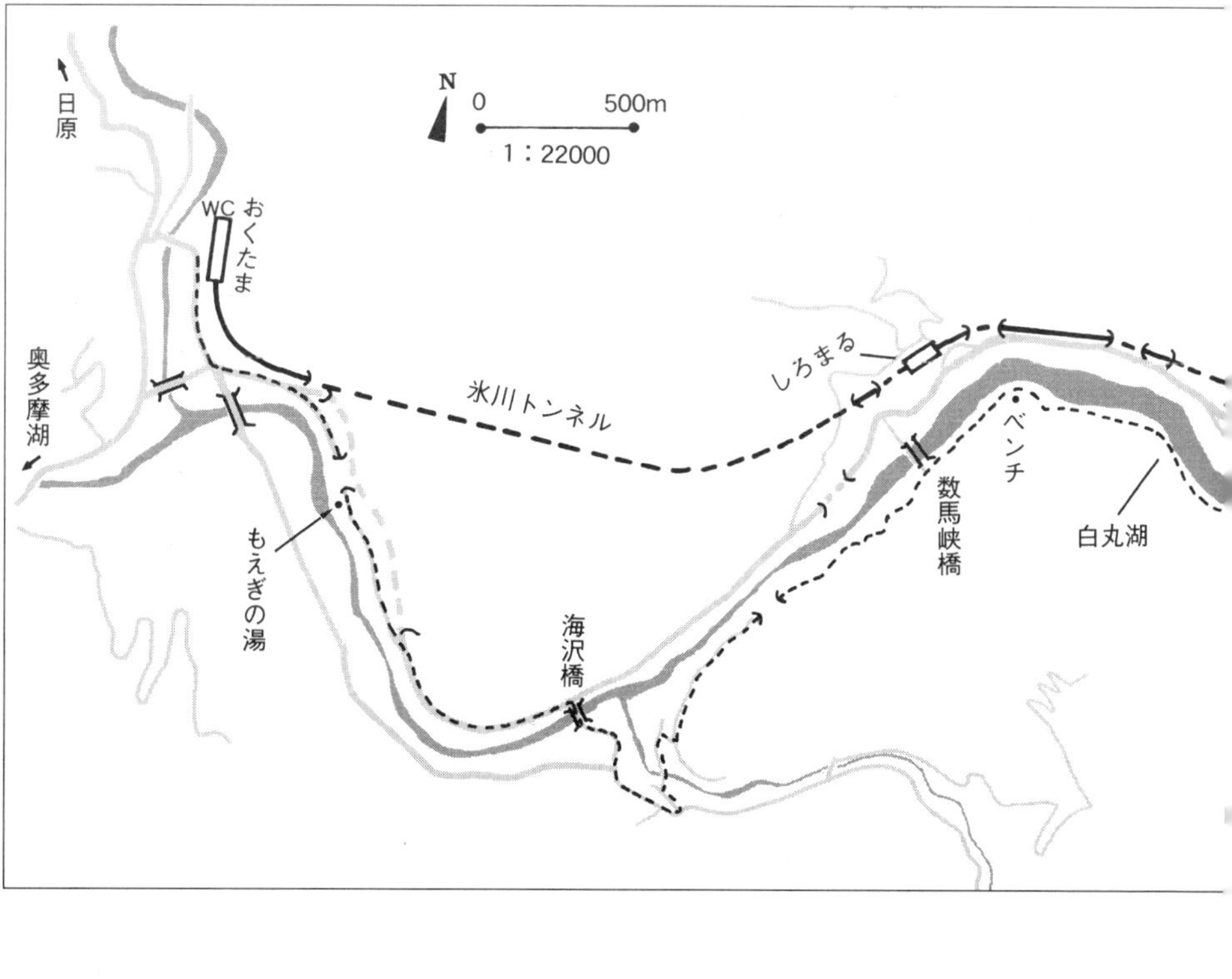

フジの大木とシダレアカシデをめぐる

大久野のふじ&つるつる温泉

……武蔵増子から新井薬師へ

4月下旬～5月上旬

日の出町に巨大な野生のフジの木がある。新緑の時期は、山の緑に紫色の花が映えて離れた場所からもよく見える。近くの幸神神社には国の天然記念物、シダレアカシデの木がありちょうど新芽が美しい時期。山里ののどかな道を歩いて二つの古木を訪ねた後は、機関車バスでつるつる温泉まで足を延ばしリフレッシュしていこう。

武蔵増戸駅を出て右へ、JRの踏切を渡る。車の通る道を避けて、森の下の信号で細い道をまっすぐ入る。日の出団地へ向かう道を渡り、西光寺の前でカーブして通りに出る。西平井橋に出たら信号を渡り、橋の手前の道を川沿いに。いったん通りに出て落合橋を渡ると山里の静かな景色になる。地蔵様の先の道を右へ行くと「大久野《おおぐの》のふじ入口」の木の標柱があるので、道々の標柱をたどって大久野のふじへ。

◎モデルコース　1時間55分

●アクセス／JR五日市線武蔵増戸駅下車。帰りはつるつる温泉からバスで武蔵五日市駅へ

武蔵増戸駅→（20分）西平井橋→（25分）大久野のふじ→（30分）天正寺→（5分）新井薬師→（10分）幸神神社→（5分）新井バス停→（バス10分）肝要の里→（送迎バス10分）つるつる温泉

ここに咲くのは野生のフジ。藤棚に咲く優雅なイメージとは違い、アラカシと杉の木にツルを巻き付けながら上へ上へとダイナミックに伸びている。小高い斜面を上って花を眺めると美しさの中に力強さを感じる。

新芽の緑とシャガの群生

道を戻って西福寺を目指す。振り返ると若葉とフジの花の色合いが美しい。西福寺を参拝し秋川街道に出る手前を左へ。車の多い街道を避けながら、民家と畑のある道を左へ、右へとジグザグに歩いていくと、かやくぼ交差点の近くに出る。秋川街道に出て堀口橋の手前を右へ曲がり天正寺へ。大イチョウの先に静かなお寺がある。

　この先は少し急な上りだが、竹林を過ぎるとゆるやかな下り坂。白山神社入口を過ぎたら、右を振り返るとやや奥まった所に新井薬師入口の看板がある。ひっそりと山に沿うように小さなお堂が建ち、木造薬師如来坐像（日の出町文化財）が安置されて

大久野のふじ

▼大久野のふじ

宇坊平の山地に生える野生のフジで根元の周囲が約3m、つるの広がる範囲26m、樹高27mに及ぶ。東京都の天然記念物。フジは日の出町の花に指定されている。

▼幸神神社のシダレアカシデ

落葉高木のアカシデ(別名ソロノキ)の変種。枝がしだれ状に長く伸びて、樹齢七百年以上であるといわれる。春の新芽の出る時期が美しい。国の天然記念物に指定されている。

いる。

道を渡って新井バス停でつるつる温泉行きのバス時間をチェック。防災備蓄庫の脇の細道を入り幸神《さぢがみ》神社を目指す。神社の境内には珍しいシダレアカシデの古木があり、新芽の緑とシャガの群生が美しい。すぐそばのふれあい広場にはトイレとあずまやがある。

つるつる温泉の機関車バス

地元産ヒノキの香り

新井バス停から青い機関車バスでつるつる温泉へ。「肝要」で途中下車して肝要の里に立ち寄ると、新鮮な野菜やジャムなど日の出町の特産品が並んでいる。土日と祝日はここからつるつる温泉まで20分ごとにバスがあり、赤い機関車バスがやってくる。

緑に包まれたつるつる温泉は建物のいたる所に地元産のヒノキが使われ、木の香りがしてゆったりくつろげる。浴室は洋風大浴場と露天風呂付の和風大浴場があり、一週間ごとに男女が入れ替わるので、どちらに入れるか楽しみだ。

●ひので三ツ沢つるつる温泉
東京都西多摩郡日の出町大久野4718
☎042（597）1126
日帰り温泉施設（ドライヤー・シャンプー・ボディソープ）
＊泉質／アルカリ性単純温泉　＊効能／神経痛、筋肉痛、関節痛、五十肩、慢性消化器病など　＊営業／10時〜20時　火曜休（祝日は翌日休）
＊料金／3時間大人800円、小学生・心身障害者400円

●WC／武蔵五日市駅、ふれあい広場、肝要の里

●ランチスポット／お弁当なら大久野のふじか幸神神社の向かいのふれあい広場で。肝要の里、つるつる温泉でも食事ができる。

●フジの見ごろ／4月下旬〜5月上旬

●問合せ／日の出町経済課商工観光係☎042（597）0511

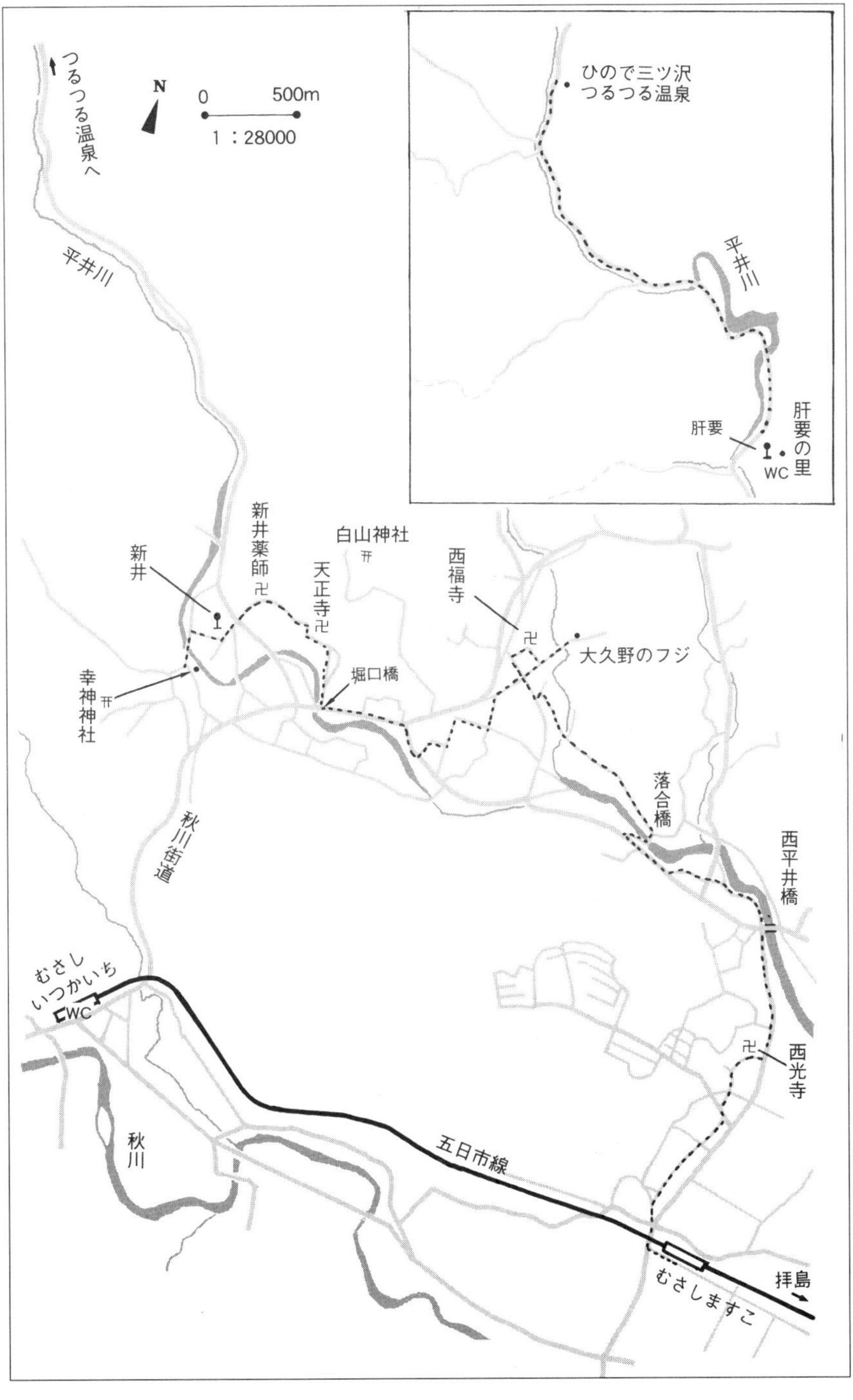
つるつる温泉へ
N
0 500m
1：28000
平井川
ひので三ツ沢
つるつる温泉
平井川
肝要
肝要の里
WC
新井薬師
白山神社
新井
天正寺
西福寺
大久野のフジ
幸神神社
堀口橋
秋川街道
落合橋
西平井橋
むさし
いつかいち
WC
西光寺
秋川
五日市線
拝島
むさしますこ

新緑、澄んだ空気、清流

名栗湖&さわらびの湯

……名栗川を上流へ

4月下旬～5月上旬

飯能駅からバスで約50分。名栗川を上流に向かうと緑がだんだん鮮やかになっていく。澄んだ空気と清流。新緑の名栗はウオーカーにとって魅力たっぷりだ。せせらぎの音を聞きながら、木工、陶芸、カヌーなど地元のクラフト（手工芸品）にふれるウオーキングコース。帰りは木の香いっぱいの温泉施設、さわらびの湯に立ち寄っていこう。

連慶橋バス停で降りて進行方向に歩くと、丸太で人をかたどったユニークな佐野木工所の看板が出ている。工房には木のハガキやペン立てなど木工品が並ぶ。もみの木のオーナメント（クリスマスツリーの飾り）はペイントするといい飾りになり、創作意欲が湧いてきそうだ。

バス停まで戻って連慶橋を渡る。入間川は荒川の支流で飯能《はんのう》から上流に行くと通称名栗《なぐり》川と呼ばれる。清流は川底まで水が透き通り、空気がおいしい。道なり

◎モデルコース　1時間21分

●アクセス／西武池袋線飯能駅北口からバス「湯の沢」「名栗車庫」「名郷」行きのいずれかで「連慶橋」下車

連慶橋バス停→（1分）佐野木工所→（5分）鳥居観音→（5分）名栗窯→（15分）竜泉寺→（10分）名栗湖→（15分）カヌー工房→（30分）さわらびの湯

▼ボンネットバス

3月～5月、9月～11月の土日・祝日に走る季節運行バスがある。始発便は飯能駅～有間渓谷観光つり場まで直通。その後は、さわらびの湯～観光つり場間の折り返し運行（名栗湖・棒の嶺登山口、名栗湖カヌー工房前に停車）。

に歩くと鳥居観音。本堂の裏にそびえる白雲山の約三十町歩余が境内となっている。

エメラルドグリーンの名栗湖

道を戻り、川沿いをまっすぐ行くと名栗窯がある。地元の陶芸家、平沼多佳子さんのアトリエで、湯のみやコーヒーカップなどの作品は土の香がするようで味わい深い。河原に出るとシャガの群生が美しい。名栗窯から先へ川沿いの道を進む。ログハウス風の民家の所で右へ、ゆるやかな坂を上っていくと龍泉寺に出る。

龍泉寺は一五世紀後半、玉林和尚によって開かれた曹洞宗のお寺。古いたたずまいが山村の景色に溶け合っている。向かいがさわらびの湯だがもう少し新緑ウオークを楽しもう。お寺の前の道を上っていくと、有間ダムの向こうに名栗湖が見えてくる。

湖畔に立つと、山々の緑に湖のエメラルドグリーンが映えて鮮やかな風景。歩く速度をゆるめてじっくりとこの景色を眺めた

龍泉寺山門

▼鳥居観音
開祖平沼弥太郎氏が母を弔うために建立。境内の鳥居文庫には県文化財の仏像、書画などを収蔵している。本堂の裏から救世大観音までめぐる約1時間のハイキングコースがあり、遊歩道から新緑に映えるツツジが見られる。　＊入山料／大人200円、子ども100円

い。この先に売店とあずまやがあるので、ひと休みしていこう。

売店から約15分でカヌー工房。工房のカヌー美術館には丸太のカヤックなどさまざまなカヌーが展示されている。名栗村産出の木材は西川材と呼ばれるが、この西川材を使ったカヌーは木目が美しく見事なカーブを描いている。豊かな自然の中に漕ぎ出すには木舟がピッタリだ。外には全長16m、幅2・3mの40人以上乗れる巨大なカヌーがある。

森林浴しながら温泉浴

湖畔を戻ってさわらびの湯へ。村営の日帰り温泉施設で建物には床から天井まで西川材がふんだんに使われている。木の感触が心地よく、ホールの天窓から光が差し込んで開放感がある。この時期は天然のフジの花が見られ、青葉とうす紫の花が色鮮やか。森林浴しながら温泉浴できるぜいたくなお風呂だ。

帰りはさわらびの湯バス停から飯能駅へ戻ろう。

名栗温泉さわらびの湯

▼名栗村カヌー工房

丸太のカヤックなどさまざまな種類のカヌーを展示。木のダンベルや木工品の販売も。工房ではオリジナルカヌー作りができる。　＊営業／9時～16時半　水曜休

●名栗温泉さわらびの湯

埼玉県入間郡名栗村下名栗685
☎0429（79）1212
日帰り温泉施設（ドライヤー・シャンプー・ボディソープ）
＊泉質／単純アルカリ泉　＊効能／アトピー、腰痛、肩こりなど　＊営業／10時～18時　水曜休（祝祭日を除く）　＊料金／3時間大人800円、小・中生・身体障害者400円、乳幼児無料　タオル200円で販売

●WC／飯能駅、連慶橋、鳥居観音、名栗湖

●ランチスポット／鳥居観音向かいのキャンプ場ケニーズ・ファミリー・ビレッジにうどん・そばなどのメニューがあり、さわらびの湯の手前には食事処ゆきやなぎがある。お弁当なら名栗湖畔で。

●バス／西武池袋線飯能駅北口からは1時間に1～2本。

●問合せ／名栗村観光協会☎0429（79）1515

箱根町

5月上旬～6月上旬

ツツジの名所で花に染まる
山のホテル&芦ノ湖温泉
……元箱根から恩賜箱根公園へ

名所として知られる小田急山のホテルのつつじ庭園。花に彩られた庭園から望む芦ノ湖と箱根の山々の眺望もすばらしい。湖畔の遊歩道をたどり、箱根旧街道の杉並木を歩いて、箱根神社やかつての箱根離宮・恩賜箱根公園に足を延ばそう。最後は、樹間から芦ノ湖を望むスパ＆コテージで、にごり湯の露天風呂につかりゆったりしよう。

◎モデルコース　55分

●アクセス／箱根登山鉄道箱根湯本駅から箱根登山鉄道バス、または伊豆箱根鉄道バス「箱根町」行きで「元箱根」下車

元箱根バスターミナル→(15分)小田急山のホテル→(10分)箱根神社→(10分)箱根旧街道杉並木→(10分)恩賜箱根公園→(10分)ウインディ・ヒルズ

箱根湯本駅前から「元箱根」または「箱根町」行きバスに乗り「元箱根」下車。元箱根から小田急山のホテルまで送迎バスも出ているが、芦ノ湖畔の遊歩道を歩いても15分ほどだ。

バスを降りたら芦ノ湖遊覧船の発着場前を右方へ進み、湖畔づたいに箱根神社方面に向かう。赤い鳥居が立つ箱根神社入口手前から湖岸に下り、石畳の遊歩道に入る。花の時期には遊歩道入口に「つつじ庭園・歩行者入口」の看板が立って

▼小田急山のホテル
つつじ庭園としゃくなげ庭園がある。つつじ・しゃくなげフェア開催中は見学料500円。＊見学時間／9時～17時　＊問合せ／☎0460(3)6321　ホテル内の和食堂「つつじの茶屋」、レストラン「ヴェル・ボワ」　＊営業／11時半～14時半　ランチセット3500円前後

いる。しばらくは岸に打ち寄せる波の音を聞きながら、水際の石畳の道を歩こう。

ツツジのじゅうたん

途中、湖上に立つ赤い鳥居の前を過ぎる。そこから箱根神社に続く階段がまっすぐ上に伸びている。少し先の外輪船フロンティア号乗り場前から、上の車道に出ると、目の前が小田急山のホテルの入口だ。道を渡り左手の植え込みの中の階段を上ると、つつじ庭園前に出る。

山のホテルとつつじ庭園

視界が開け、赤やピンク、白の色鮮やかなツツジのじゅうたんが目に飛び込んでくる。眼下には遊覧船が行きかう芦ノ湖が広がり、花も美しいが眺望もすばらしい。庭続きのしゃくなげ園も忘れずにひとまわりしよう。この時期、ホテルのレストランはかなり混むので、そこでランチにしたいなら、着いてすぐに予約し、時間を確認してから庭園内を散策するとよい。

花を堪能したら元箱根まで戻ろう。途中、箱根神社に立ち寄り、参道を下って国道沿

▼箱根芦ノ湖美術館
モネ、ピカソ、セザンヌなど近代絵画の名作百二十点余りを展示　＊開館／9時〜17時　無休　＊入館料／1100円　＊問合せ／☎0460（3）1600

▼恩賜箱根公園・湖畔展望館
かつて明治天皇の箱根離宮があったが、度重なる地震で倒壊したため払い下げられ公園となった。公園内の湖畔展望館には離宮当時の写真や資料なども展示されている。　＊開館／9時〜16時半　火曜休（祝日は翌日休、7・8月は無休）　公園は無休　入園入館共に無料

いに三島方面に向かうと、右手に箱根芦ノ湖美術館、左手には帰りに立ち寄る温泉・ウインディ・ヒルズの看板と山小屋風の建物も見える。その先左手から箱根旧街道の杉並木に入る。

樹齢数百年の杉並木

樹齢数百年のみごとな巨木が立ち並ぶ杉並木の道は、国道沿いとは思えないほど静かだ。やがて杉並木が途切れて国道に出ると、恩賜箱根公園前。公園中央の湖畔展望館の2階バルコニーからの眺めがすばらしい。休憩室にテーブルやイスもあるので、お弁当を広げるならここで。

帰路は同じ道を戻ってもいいが、公園内の二百階段を下って芦川橋を渡り、芦ノ湖畔に出る。

そのまま湖畔の道をたどり、箱根芦ノ湖美術館横から国道に出てウインディ・ヒルズへ。温泉棟スパ・ガーデンへはクラブハウスで受付をし、後ろの坂を上る。平日はすいているので、貸切気分が味わえる。

ウインディ・ヒルズ

●**ウインディ・ヒルズ** 神奈川県足柄下郡箱根町元箱根3 ☎0460（3）1022 スパ＆コテージの温泉施設（ドライヤー・シャンプー・ボディソープ） ＊泉質／単純硫黄泉 ＊効能／美肌効果、筋肉痛、打ち身、肩こり ＊営業／10時～22時 木曜休 ＊料金／1時間半1050円

●**WC**／小田原駅、箱根湯本駅、小田急山のホテル、元箱根、恩賜箱根公園

●**ランチスポット**／お弁当を広げるなら恩賜箱根公園の湖畔展望館2階休憩室で。元箱根には食事処も多い。

●**ツツジの見ごろ**／5月中旬～6月下旬

●**問合せ**／箱根町観光協会☎0460（5）5700

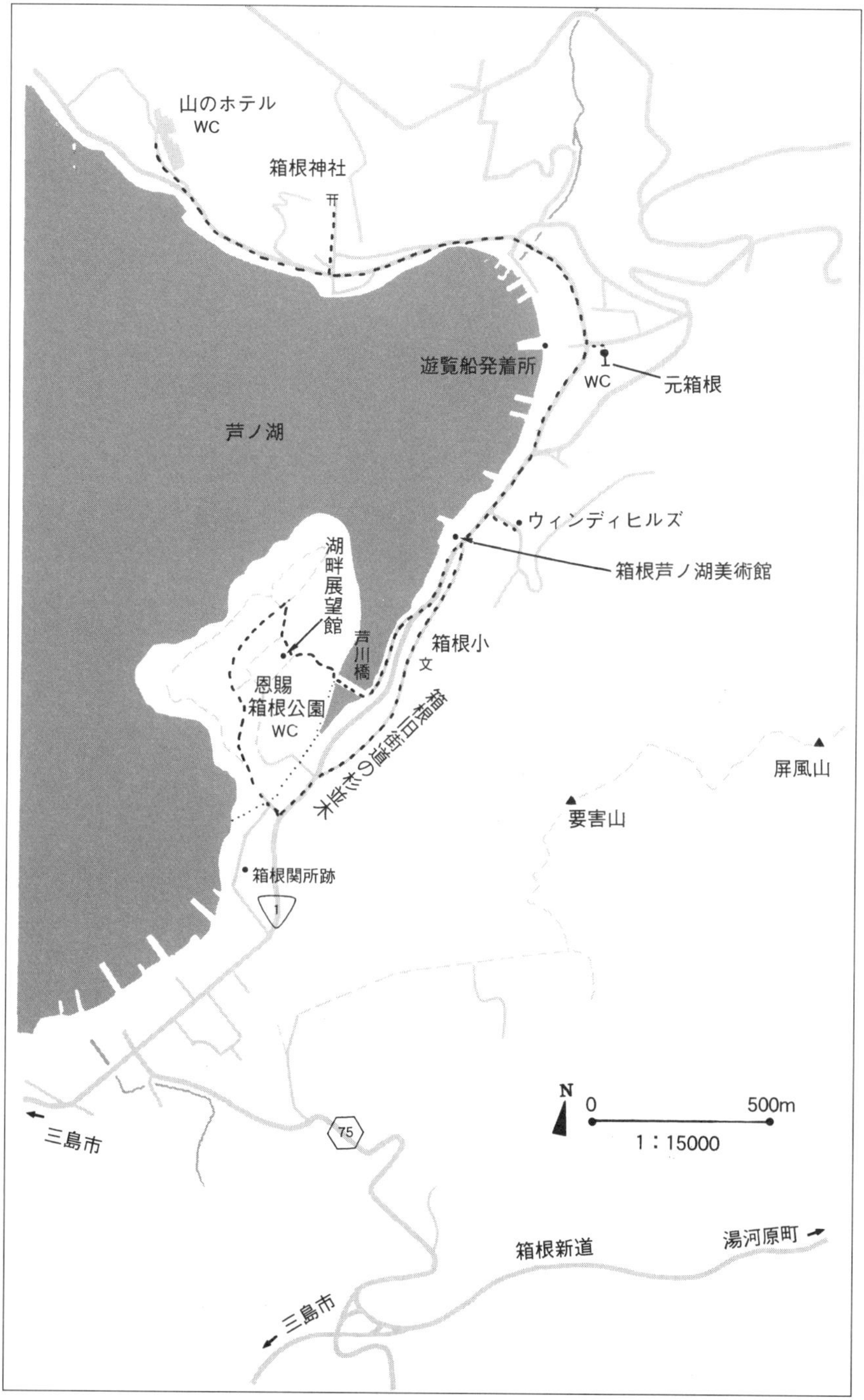
山のホテル
WC
箱根神社
遊覧船発着所
WC
元箱根
芦ノ湖
ウィンディヒルズ
箱根芦ノ湖美術館
湖畔展望館
芦川橋
箱根小
文
恩賜箱根公園
WC
箱根旧街道の杉並木
屏風山
要害山
箱根関所跡
1
N
0
500m
1：15000
三島市
75
箱根新道
湯河原町
三島市

ウオーキングを楽しむために　その1　ウオーキングの準備

●動きやすい服装で出かけよう

上着は脱ぎ着しやすく、重ね着して体温を調節できるものを。スラックスはひざの曲げ伸ばしが自由にできる素材がいい。足ごしらえも大事で靴によって疲れ方も違う。ウオーキング用など歩きやすく、すべりにくい靴を選ぼう。ハイキングコースを歩く時は、遊歩道に水が沁み出ていたり、石や岩で足場の悪い所があるので底が厚くしっかりした靴が望ましい。

最近ではウオーキング用のソックスも市販されており、厚手で踵とつま先が補強されている。使ってみるとなかなか履き心地が良く、足の指を締めつけず自由に動かせる。踵が擦れることも少なく、長時間歩くには快適だ。

●持ち物

地図、水筒、お弁当（コースによる）、リュック、帽子、雨具、ゴミ袋、シート、温泉施設によってタオル・石鹸、着替えなど。

持ち物はリュックに入れ、両手を使えるようにしておこう。小銭など頻繁に出し入れするものはウエストポーチに入れておくと便利。水筒は500㎖のペットボトルを利用してもいい。天気の良い日でも雨具は忘れずに。山のコースは天気が変わりやすく、夏は急に夕立に遭うこともある。

●持っていると便利なもの

水に溶けるティッシュ、キズバン、バンダナ、ポケット図鑑（野草、樹木、野鳥など）。

水に溶けるティッシュは水洗トイレにペーパーが備えてない時に。市販で水溶性のポケットティッシュがある。普通のティッシュを流してしまうよりは、多少の気配りをしたい。バンダナは首に巻いて日除けにしたり、汗取りにもなる。手ぬぐいやタオルを巻くよりは、見た目もオシャレだ。

●事前に問い合わせを

花の時期は天候によって毎年変わる。タイミング良く出かけるためには、事前に開花状況を問合せておくといい。途中で美術館や博物館に立ち寄るなら、休館日をチェックしておこう。休館日以外でも館内整理日や臨時休館日もあるので、前もって聞いておくと安心だ。

夏の10コース

日本の近代を歩く

旧古河庭園&板橋温泉

……本郷通りから旧中山道へ

5月下旬～6月

鹿鳴館も手がけた英国人ジョサイア・コンドル博士設計による洋館とバラの洋式庭園が美しい旧古河庭園と、江戸時代から桜の名所として知られた飛鳥山公園。本郷通り沿いの名園をめぐり、石神井川沿いに緑道を歩いて、旧中山道板橋宿まで歩く散策コース。最後は、広いフロアに設備充実の板橋温泉スパディオでリラックスしよう。

◎モデルコース　1時間50分

●アクセス／JR京浜東北線上中里駅下車

上中里駅→（10分）旧古河庭園→（20分）飛鳥山公園→（10分）音無親水公園→（20分）観音橋→（30分）板橋→（10分）都営三田線板橋本町駅→（10分）板橋温泉スパディオ

上中里駅前の蝉坂を右手へ進み、サルスベリの並木に沿って坂を上りきると本郷通りに出る。信号を渡り左折するとまもなく旧古河庭園入口前。旧古河邸はもと明治の元勲・陸奥宗光《むつむねみつ》邸。後に古河家所有となり、戦後、国に所有が移った。

小高い丘に洋館、斜面にバラ園、低地には池を中心にした日本庭園を配し、地形を生かした設計。レンガ造りの洋館に刈り込まれた生け垣とバラの花壇がよく似合う。日本庭園の心字池のまわりには大滝や枯滝、大きな雪見灯篭が置かれ趣

▼旧古河庭園

＊開園／9時～17時　＊入園料／150円（65才以上と小学生以下および都内在住、在学の中学生は無料）洋館内部の見学は事前予約制で入館料500円（税別）　＊バラの見ごろ／5月下旬～6月上旬、10月～11月　＊問合せ／☎03（3910）0394

きがある。園内にはツツジ園や梅林もあり四季折々に楽しめそうだ。

夏も涼しい飛鳥山公園

旧古河庭園を出たら本郷通りを戻り王子方面に進む。地下鉄南北線西ヶ原駅前を通り西ヶ原一里塚を過ぎると、間もなく飛鳥山《あすかやま》公園入口に着く。公園内には、日本の近代経済の基礎を築いた渋沢栄一の邸宅跡と渋沢史料館、飛鳥山博物館、紙の博物館など見学スポットも多い。桜の古木がうっそうと茂る散策路は夏でも涼しく、岩を流れ落ちる滝や噴水のある広場には、水辺で憩う人の姿も見られる。

公園の噴水広場前から陸橋を渡って本郷通りを横切り、さらに明治通りをまたいで階段を下る。陸橋の上からは都電荒川線の飛鳥山駅が真下に見え、路面電車が走るのが眺められる。先へ進み音無《おとなし》橋手前の階段を下り、石神井《しゃくじい》川沿いの緑道に出る。橋下には音無親水公園が見える。

ここから板橋本町まで歩いて1時間余り。石神井川にかかる観音橋を少し入ると

旧古河庭園

▼飛鳥山公園
八代将軍吉宗が王子神社に寄進し、桜を植えて一般開放した。江戸時代から桜の名所として親しまれた日本初の公園。＊問合せ／☎03（3910）8882

▼飛鳥山三つの博物館
渋沢史料館☎03（3910）0005
紙の博物館☎03（3916）2320
飛鳥山博物館☎03（3916）1133
＊開館／10時〜17時　月曜休（祝日は翌日休）　＊三館共通券720円　各館300円

谷津子育て観音・寿徳寺。門前に板橋刑場で処刑された近藤勇の菩提寺とある。

橋をいくつか通り過ぎ埼京線のガード下をくぐると、北区から板橋区に変わる。このあたりは川の両岸に桜並木が続く。花の頃はさぞみごとだろう。歩き疲れたら金沢橋から左折し中山道に出て、都営地下鉄三田線の新板橋駅から地下鉄に乗るといい。

加賀公園、金沢橋などの地名が残る場所には、かつて加賀藩前田家の下屋敷があったという。中山道手前のレトロな板橋を右折すると旧中山道。商店街を抜けて環七通りを渡り、左手の都営三田線板橋本町駅前の交差点を渡って右折し旧中山道沿いに進む。すぐ先左手のヘアサロン角を入り、路地を進むと電柱にスパディオの案内看板が現れる。

スパディオの外観は明るいガラス張りの3階建て。フロントでタオルと浴衣、ロッカーキーを渡され浴場へ。和風と洋風の2種類あるお風呂は一月ごとに男女が入れ替わる。お風呂の種類も多く設備も整っているので、入浴後ゆっくりしたい。

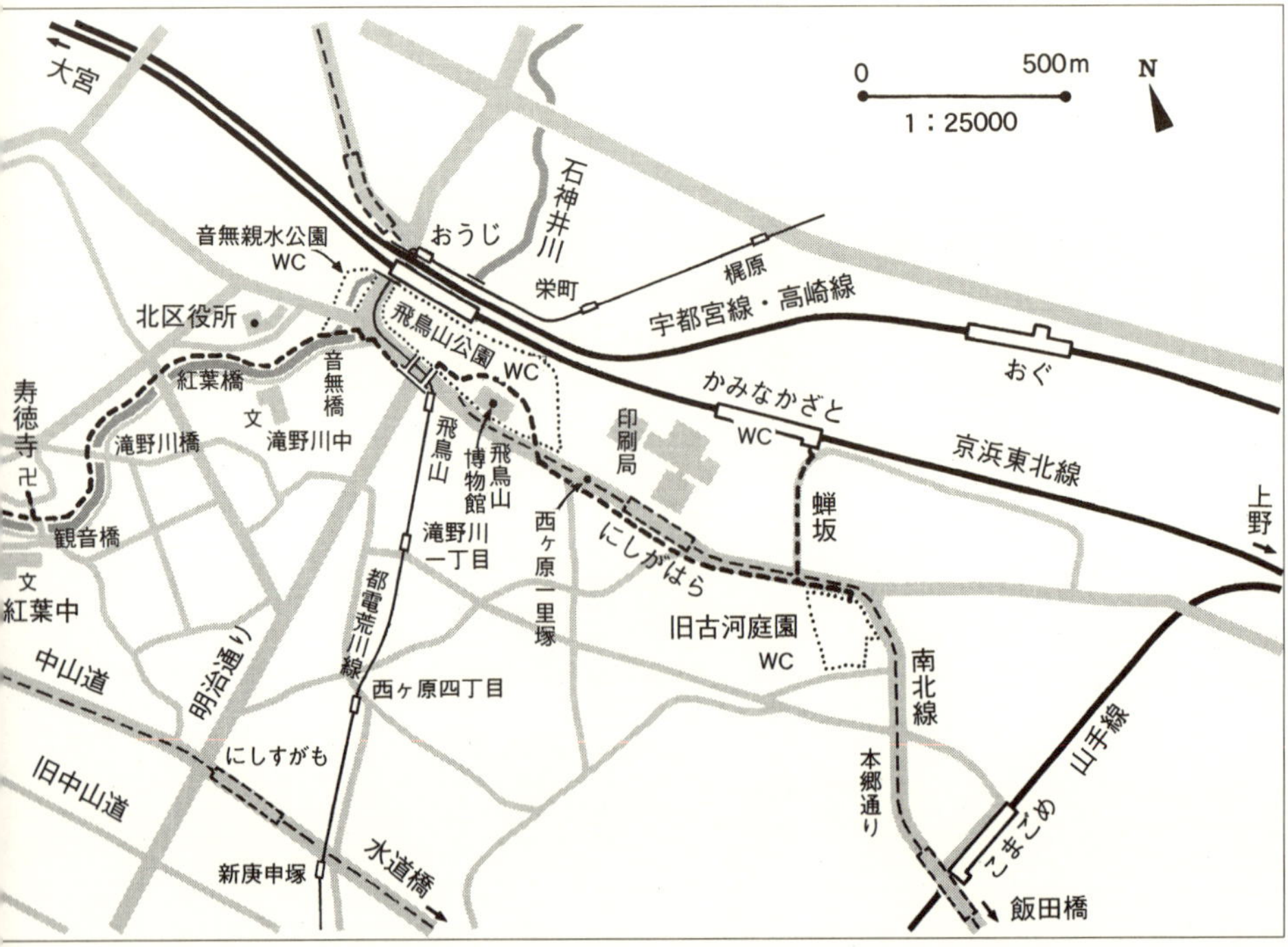

板橋温泉スパディオ

●板橋温泉スパディオ
東京都板橋区宮本町49-4
☎03（3967）1126
日帰り温泉施設（ドライヤー・シャンプー・タオル）
＊泉質／塩化物強塩温泉（高張・弱アルカリ性） ＊効能／神経痛、関節痛、五十肩、運動麻痺など ＊営業／10時〜23時 第1・3月曜休（祝日は翌日休）
＊料金／2200円 早割（12時までに入館）2000円 バスタオル、浴衣つき

●WC／上中里駅、旧古河庭園、飛鳥山公園、音無親水公園、板橋本町駅

●ランチスポット／お弁当は飛鳥山公園または音無親水公園で。飛鳥山博物館2階の喫茶室カフェ・ヴァーチュは軽食やランチセットもあり入館者以外も利用できる。

●問合せ／北区地域振興部産業振興課☎03（5390）1234、板橋区観光協会☎03（3579）2255

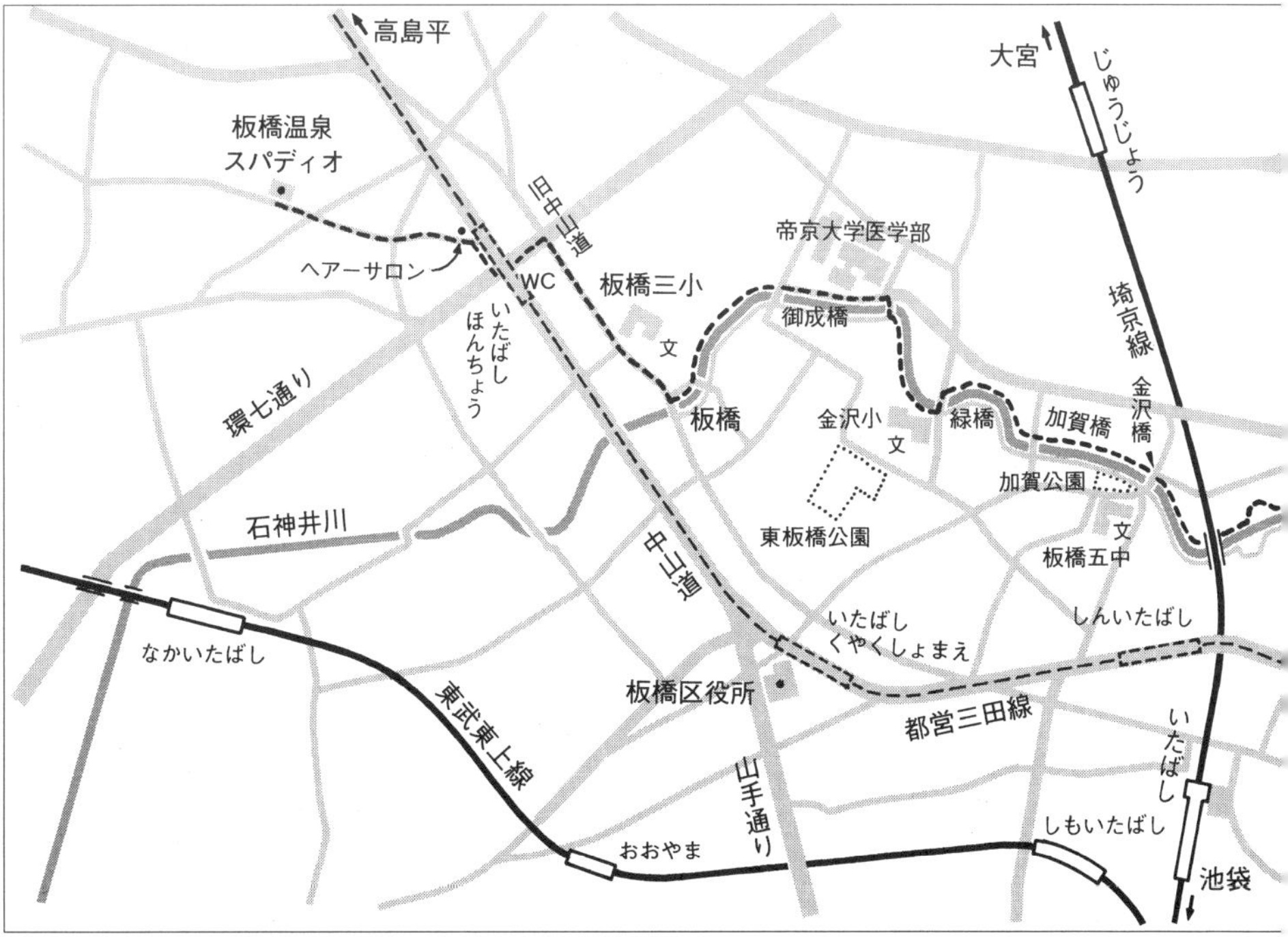

日野市

アジサイと新撰組ゆかりの史跡

高幡不動&クアガーデン

……高幡不動から多摩動物公園へ

6月中旬〜7月上旬

狭山丘陵と多摩丘陵を南北に結ぶ多摩都市モノレール沿線には、関東三大不動の高幡不動尊や多摩動物公園など見どころが多く、新撰組ゆかりの史跡も多い。多摩川や浅川を見下ろし、多摩丘陵の自然が残る風景をモノレールから楽しみながらの散策コース。丘の上にあるクア・ガーデンからの眺めもよく、施設も充実しているのでゆっくりしよう。

多摩都市モノレールまたは京王線の高幡《たかはた》不動駅で下車し、高幡不動通りの商店街を抜けると仁王門前に出る。仁王門をくぐると正面に不動堂。ともに重要文化財に指定されている。不動堂左手には五重の塔がそびえる。高幡不動尊は関東三大不動の一つに数えられ、古来、火防の不動尊として信仰を集めた。境内一帯には七千株のアジサイが植えられ、花の見ごろは大勢の花見客が訪れる。

境内の不動が丘の山内には弘法大師像がまつられ、五重の塔裏手の巡拝口から

◎モデルコース　1時間

●アクセス／京王線または多摩都市モノレール高幡不動駅下車

高幡不動駅→（5分）高幡不動尊→（20分）土方歳三の墓→（10分）土方歳三資料館→（5分）多摩都市モノレール万願寺駅→（モノレール10分）多摩動物公園駅→（送迎バス10分）クア・ガーデン

入り、一番から八十八番まで順番にたどると八十八ヵ所めぐりができる。アジサイの花を愛《め》でつつ巡拝すれば、森林浴とハイキング気分も味わえる。境内をひとまわりした後は、門前のお店で開運そばや開運饅頭を味わおう。

新撰組発祥の地

境内には土方歳三の銅像や近藤勇・土方歳三両雄の顕彰碑もある。高幡不動尊のある日野市は、新撰組発祥の地。付近には新撰組ゆかりの史跡も多く、門前には新撰組グッズを売る土産店まである。幕末の混乱期を生きて散った新撰組隊士は、今なお根強い人気があるようだ。

モノレール万願寺駅近くには、土方歳三資料館や菩提寺の石田寺がある。歩くと20分ほどだ。

京王線高幡不動駅横の地下道をくぐり、住宅地を進むと潤徳小学校前。その先のほほえみ橋を渡り向島用水親水路に沿って右へ進むと、南新井交差点に出る。モノレール下を進み浅川にかかる新井橋を渡って右

高幡不動山内の八十八ヵ所めぐり

▼高幡不動尊金剛寺
真言宗智山派別格本山。平安時代初期、清和天皇の勅願を受け慈覚大師によって創建された。本尊の不動明王像はじめ仁王門、不動堂など重要文化財に指定されているものも多い。アジサイの見ごろは6月中旬～7月初旬。＊問合せ／☎042（591）0032

▼土方歳三資料館（生家）
＊開館／毎月第3日曜日の13時～16時

折。川べりを行くと日野高校、その裏手に土方歳三の菩提寺・石田寺がある。

　再びモノレール下の道に戻り、万願寺駅方面に進み、駅手前の信号を左折するとまもなく土方歳三資料館（生家）だ。

大浴場から多摩市街を一望

　万願寺周辺にはナシ園やブドウ畑も点在し、のどかな風景が見られる。万願寺駅からモノレールに乗り多摩動物公園駅まで、しばし空中から眺めを楽しもう。前方に緑に覆われた多摩動物公園が見える。

　駅を出て道を隔てた京王線多摩動物公園駅前から、多摩テック天然温泉クア・ガーデン行きの送迎バスが出ている。

　小高い丘の上にあるクア・ガーデンは、広いフロアにレストランやリラックスサロン、トレーニングルームなども備えた大型温泉施設。受付でタオルと浴衣、ロッカーキーをもらい浴場に行く。大浴場の広い窓からは多摩の市街が一望でき、夜景も美しい。

多摩テックのクア・ガーデン

●**多摩テック天然温泉クア・ガーデン**
東京都日野市程久保5-22-1
☎042（591）0888
日帰り温泉施設（ドライヤー・シャンプー・ボディソープ・タオル）
＊泉質／ナトリウム塩化物泉　＊効能／疲労回復、神経痛、筋肉痛、関節痛、慢性婦人病など　＊営業／10時～22時　無休　＊料金／平日（月～土）大人1900円、小人（小学生以下）1300円、幼児600円　日祝大人2300円、小人1700円、幼児600円（税別）　大人のみ入湯税別途150円　バスタオル、浴衣つき
●**WC**／多摩都市モノレール線高幡不動駅、高幡不動尊境内、万願寺駅、多摩動物公園駅
●**ランチスポット**／お弁当を広げるなら高幡不動尊境内の休憩所で。高幡不動尊の参道には食事処も多い。
●**問合せ**／日野市産業振興課☎042（585）1111

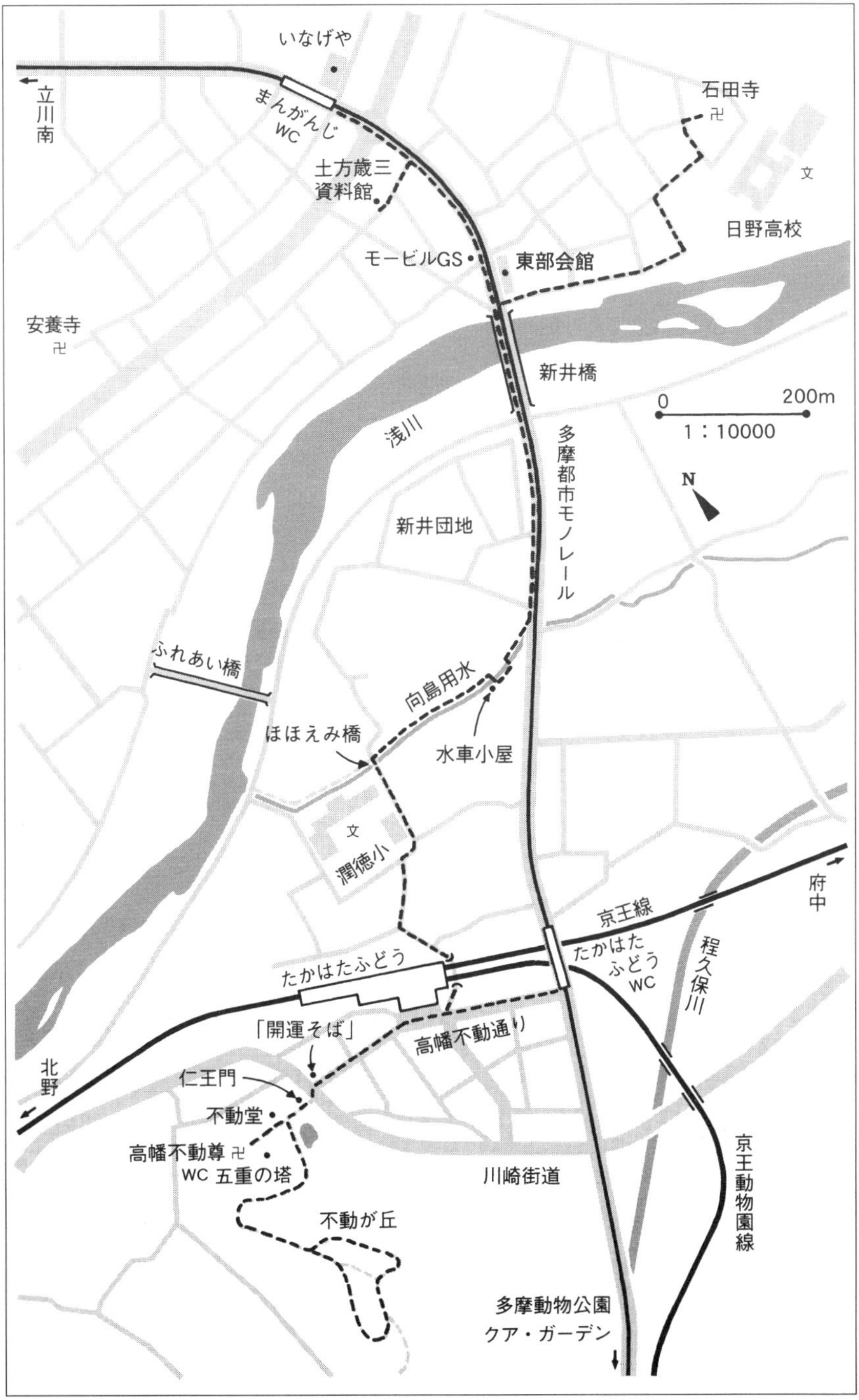
いなげや
立川南
まんがんじ
WC
石田寺
土方歳三
資料館
文
日野高校
モービルGS
東部会館
安養寺
新井橋
0
200m
1：10000
浅川
多摩都市モノレール
N
新井団地
ふれあい橋
向島用水
ほほえみ橋
水車小屋
文
潤徳小
府中
京王線
たかはたふどう
たかはた
ふどう
WC
程久保川
「開運そば」
高幡不動通り
北野
仁王門
不動堂
高幡不動尊
WC 五重の塔
川崎街道
京王動物園線
不動が丘
多摩動物公園
クア・ガーデン

せせらぎと一万株のハナショウブ

花しょうぶ園&薬師の湯

……………薬師堂から小森川へ

6月中旬〜下旬

四阿屋山《あずまやさん》のふもとでは初夏の訪れとともにハナショウブが咲き競う。山あいに咲くハナショウブは緑にくっきり映えて色鮮やかだ。日中友好記念の神怡館から小森川沿いに足を延ばし、最後は美人の湯といわれる薬師の湯につかっていこう。四阿屋山はハイキングコースも整備されているので紅葉や早春のフクジュソウ、セツブンソウの時期に訪れてもいい。

◎モデルコース　1時間

●アクセス／秩父鉄道三峰口駅から両神村営バス「小鹿野町役場」行きまたは「両神村役場」行きで「薬師堂」バス停下車

薬師堂バス停→（5分）花しょうぶ園→（5分）観景亭→（10分）神怡館→（15分）展望休憩舎→（5分）八幡神社→（20分）薬師の湯

薬師堂バス停で下車。バスの便が少ないので、帰りの時間をチェックしておこう。停留所の前が法養寺・薬師堂。年輪を刻んだ建物には風格がある。隣接して両神《りょうかみ》神社。お堂の左の遊歩道から花しょうぶ園に向かう。歩道沿いにアジサイやヤマボウシが見られる。白いヤマボウシの花はハナミズキに形が似て、清楚な感じがする。

5分ほどで花しょうぶ園。山に囲まれた斜面に棚田のようにハナショウブ田が

▼法養寺・薬師堂
室町時代に移築・改造されたと推定される。埼玉県内でも数少ない三間四面堂。秩父十三仏に数えられ、目薬寺として知られる。

広がっている。初夏の緑の中に濃紫、薄紫、白の花が美しい。せせらぎの音が心地よく、鳥の声が山に響いてのびのびと聞こえる。

山里にいきなり「中国」

管理道路の向かいに中国風の「友好の森」の門が立っている。門をくぐり、石造りの遊歩道を上っていくと観景亭。周辺の山々が見渡せる。管理道路を下って県道を渡り、向かいの道へ入っていくと突然、堂々たる建物が現われて度肝を抜かれる。この古代寺院風建築の建物は神怡《しんい》館《かん》。館内には琵琶や胡弓など日本でもおなじみの楽器が展示され、チャイナドレスを借りて写真撮影もできる。

花しょうぶ園

神怡館の前の道を行くと、両神荘の先に道標が出ている。階段を降りて、テニスコートをぐるっと回り小森川に出る。飛石のせせらぎ橋を渡って向こう岸へ。川の増水時は危険なので迂回して煤田橋を渡ろう。

農免道路に出たらふるさと歩道の道標をたよりに小森コースをたどる。ブドウ園の

▼埼玉県山西省友好記念館神怡館

埼玉県と中国山西省との友好県省締結を記念して建てられた。館内では山西省の歴史や文化を紹介している。＊開館／9時～17時　火曜休（祝日は開館）　＊入館料／大人350円、小・中生150円　＊問合せ／☎0494（79）1493

近くに展望休憩舎があるので、山里の風景を見ながら一休みしよう。

涼しい風が吹き抜けて

八幡神社の前の細道を降りてやわらぎ橋を渡る。せせらぎ橋付近に比べると流れが穏やかだ。このあたりの河原は暑くなると川遊びスポットになる。川沿いを歩くと涼しい風が吹き抜けて気持ちがいい。小森川にはサギやセキレイの仲間が見られ、バードウオッチングも楽しめる。

大平戸橋まで来たら県道に出る。「薬師堂」バス停まで戻るとその先が両神温泉薬師の湯。広々とした大展望浴場に入ると大きなガラス窓から緑の風景が望める。弱アルカリ性の温泉は、お湯がしっとり肌になじんですべすべしてくる。バイブラの部分に足をかざすと、ふくらはぎの緊張がほぐれ身体が軽くなるようだ。

隣は農林産物直売所。木工製品や特産のこんにゃく、季節の野菜、果物などを販売している。珍しい桑の実ジャムもあり、山の幸をあれこれ味わってみたくなる。

バス停まで2分なので、時間までゆっくり見ていこう。

埼玉県山西省友好記念館神怡館

▼両神村農林産物直売所
日曜は8時半から朝市がある。
＊営業／10時～17時　火曜休

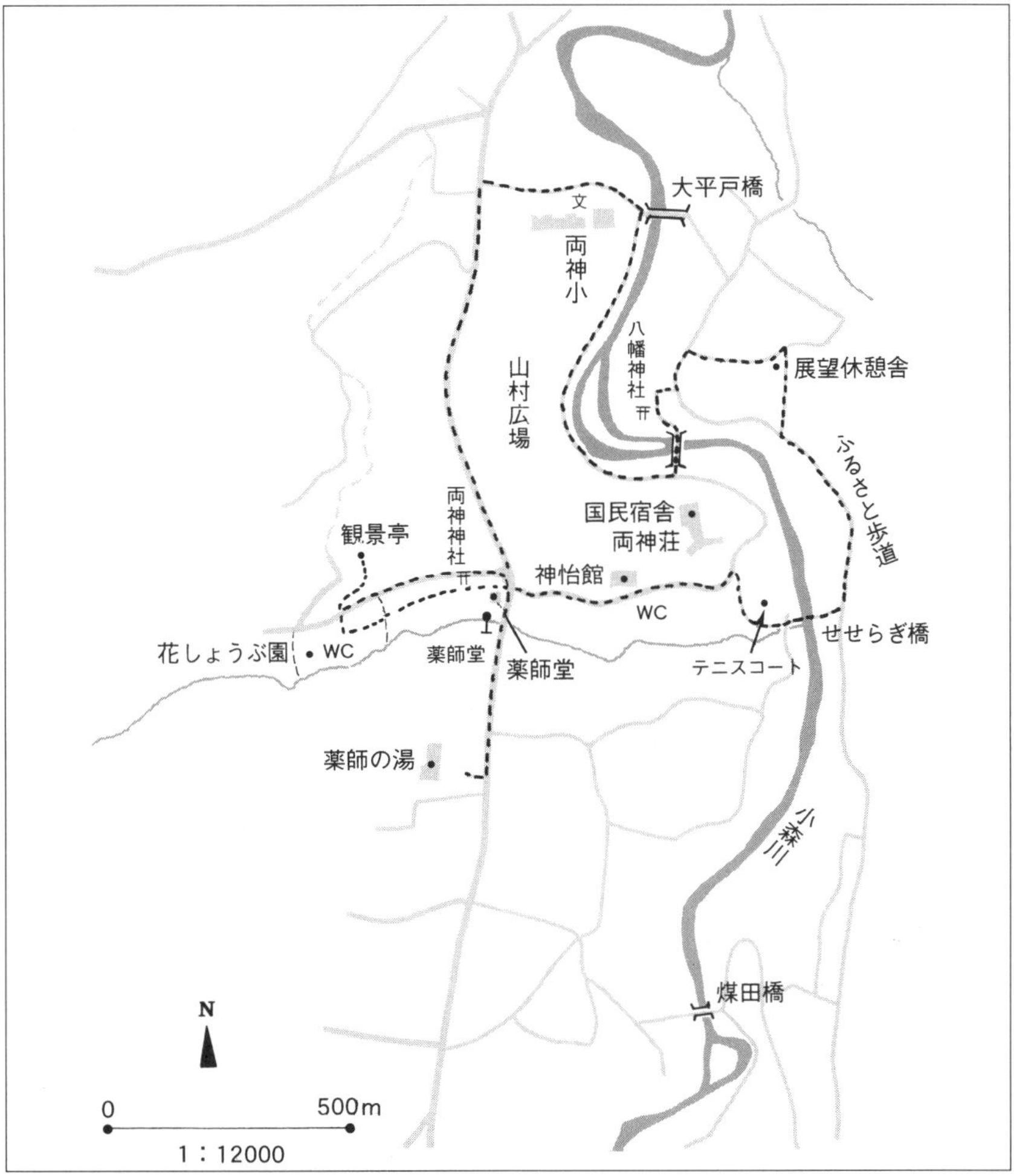

●両神温泉薬師の湯

埼玉県秩父郡両神村薄2380

☎0494（79）1533

日帰り入浴施設（ドライヤー・シャンプー・石けん）

＊泉質／単純硫黄冷鉱泉（低張性・アルカリ性・冷鉱泉）　＊効能／神経痛、筋肉痛、うちみ、くじき、冷え症など　＊営業／10時〜20時　火曜休（祝日は翌日休）　＊料金／3時間大人600円、小学生240円、乳幼児120円

●WC／花しょうぶ園、神怡館前の駐車場、農林産物直売所

●ランチスポット／お弁当は花しょうぶ園か展望休憩舎で。神怡館隣接の鳳鳴館では夏の食材を使った季節のメニュー花しょうぶセット（1300円）が、薬師の湯では毎日30食限定の自粉を使った薬師そば（800円）が食べられる。

●ハナショウブの見ごろ／6月中旬〜下旬

●問合せ／両神観光協会☎0494（79）1100

河口湖町

ラベンダーの香りに包まれる
河口湖畔のハーブめぐり&天水

……河口湖駅から湖畔の遊歩道へ

6月中旬〜7月上旬

四季折々、富士の景色が楽しめる河口湖。中でもラベンダーの咲く夏は女性におすすめだ。ラベンダースポットをめぐり、ポプリやクラフト（手工芸品）にもふれるハーバルウオーキング。ハーブの花と香りに包まれて心身ともにリフレッシュしよう。歩いた後はミネラル成分豊かな野天風呂天水へ。天然のアロマ&温泉で日頃の疲れが癒せるはず。

◎モデルコース　1時間26分

●アクセス／JR中央本線大月駅で富士急行線に乗り換え河口湖駅下車

河口湖駅→（20分）河口湖ハーブ館→（15分）八木崎公園→（バス20分）生活自然館バス停→（1分）生活自然館・大石公園→（25分）久保田一竹美術館→（5分）野天風呂天水

河口湖駅で降りると、駅前にとんがり屋根の観光案内所がある。ここで地図や割引券を入手しておくと便利。駅から湖畔まで20分弱。船津三差路から土産物店の続くにぎやかな通りに入ると河口湖が見えてくる。富士レークホテルを過ぎ、釣り人の姿を眺めるうちに河口湖ハーブ館に到着。カントリー風の建物の中は売店で、ポプリやドライフラワーなどハーブグッズが並んでいる。自然の色彩といい香りに包まれて思わず足が止まる。

▼河口湖ハーブ館
ハーブガーデン、別館香水の館、ティールームもありハーバル・カルチャー・スタジオではハーブの押し花やリース作りが体験できる。＊営業／9時〜18時　無休　入場無料
＊問合せ／☎0555(72)3082

向かいの石ころ館の脇を入ると中原淳一美術館がある。二〇〇〇年九月にオープンしたばかりで、「それいゆ」「ひまわり」などの雑誌で活躍した中原淳一の原画が展示されている。

富士山へと続く青の風景

美術館の前を通って湖畔の遊歩道へ。レイクランドホテルの所で青木ヶ原河口湖線に合流するとすぐ八木崎公園。ハーブフェスティバルのメイン会場で、薄紫のラベンダーと黄色いダイヤーズカモミールがほのかに香る。ハーブの間を歩いていると香りに癒されるようで、穏やかな気持ちになってくる。

　公園の先が河口湖ミューズ館。創作人形作家、与勇輝《あたえゆうき》の作品を常設展示している。どの人形も目の表情や指先の細かな部分までみごとに表現され、今にも動き出しそうだ。「八木崎公園」または「ミューズ館」からレトロバスで移動する。バス便が少ないのであらかじめ時間を確認しておくといい。

大石公園のラベンダー

▼河口湖ミューズ館
＊開館／9時～17時　木曜休（祝日の翌日休、7～9月は無休）　＊入館料／大人・大学生600円、中・高生400円　＊問合せ／☎0555（72）5258

▼河口湖自然生活館
ブルーベリー狩り（7月中旬～8月下旬）やジャム作り体験もできる。＊開館／9時～18時　金曜休（祝日の翌日休、7～9月は無休）入館無料　＊問合せ／☎0555（76）8230

▼久保田一竹美術館
室町時代の「辻が花染め」を復活させた久保田一竹の作品を展示している。　＊開館／9時半～17時半　無休（1月～2月は火曜休）　＊入館料／一般1300円、大学生1100円、高校生900円、小・中生500円　＊問合せ／☎0555（76）8811

黄色いアンティークなバスに乗り、河口湖大橋を渡って約20分。自然生活館バス停で降りると目の前が大石公園だ。ここは富士山の見えるラベンダースポット。一面のラベンダーから湖、富士山へと続く青の風景がすばらしい。自然生活館でブルーベリーやハーブ製品を見て、湖畔の遊歩道を歩く。歩道の切れた所で一般道へ上がる。休日は車が多いので気をつけよう。

虫の声を聞きながら

トンネルの手前で右に迂回し、道路に合流して道の分岐を左に曲がると久保田一竹《いっちく》美術館。「辻が花染め」の豪華な着物と独特の建物は必見。美術館の先へ坂道を上り野天風呂天水へ。男女とも三つある「野天」風呂は広々として解放感いっぱいだ。虫の声を聞きながらお湯につかっていると、富士山の雄大な自然を感じる。帰りは久保田一竹美術館バス停からレトロバスで河口湖駅へ戻ろう。

河口湖温泉野天風呂天水

●河口湖温泉野天風呂天水
山梨県南都留郡河口湖町河口水口2217-1
☎0555（76）8826
日帰り温泉施設（ドライヤー・シャンプー・ボディソープ）
＊泉質／カルシウム・ナトリウム－硫酸塩・塩化物泉（低張性・アルカリ性・高温泉）　＊効能／神経痛、筋肉痛、関節痛、五十肩、動脈硬化症、慢性皮膚病など　＊営業／10時～22時　無休　＊料金／大人1000円、小学生以下700円

●WC／畳岩公衆トイレ、八木崎公園、河口湖生活自然館

●ランチスポット／お弁当なら大石公園で。ハーブにこだわるなら河口湖大橋から南へ約1キロのところにハーブレストラン四季の香りがある。

●ラベンダーの見ごろ／6月中旬～7月上旬

●問合せ／☎河口湖町観光課0555（72）3168

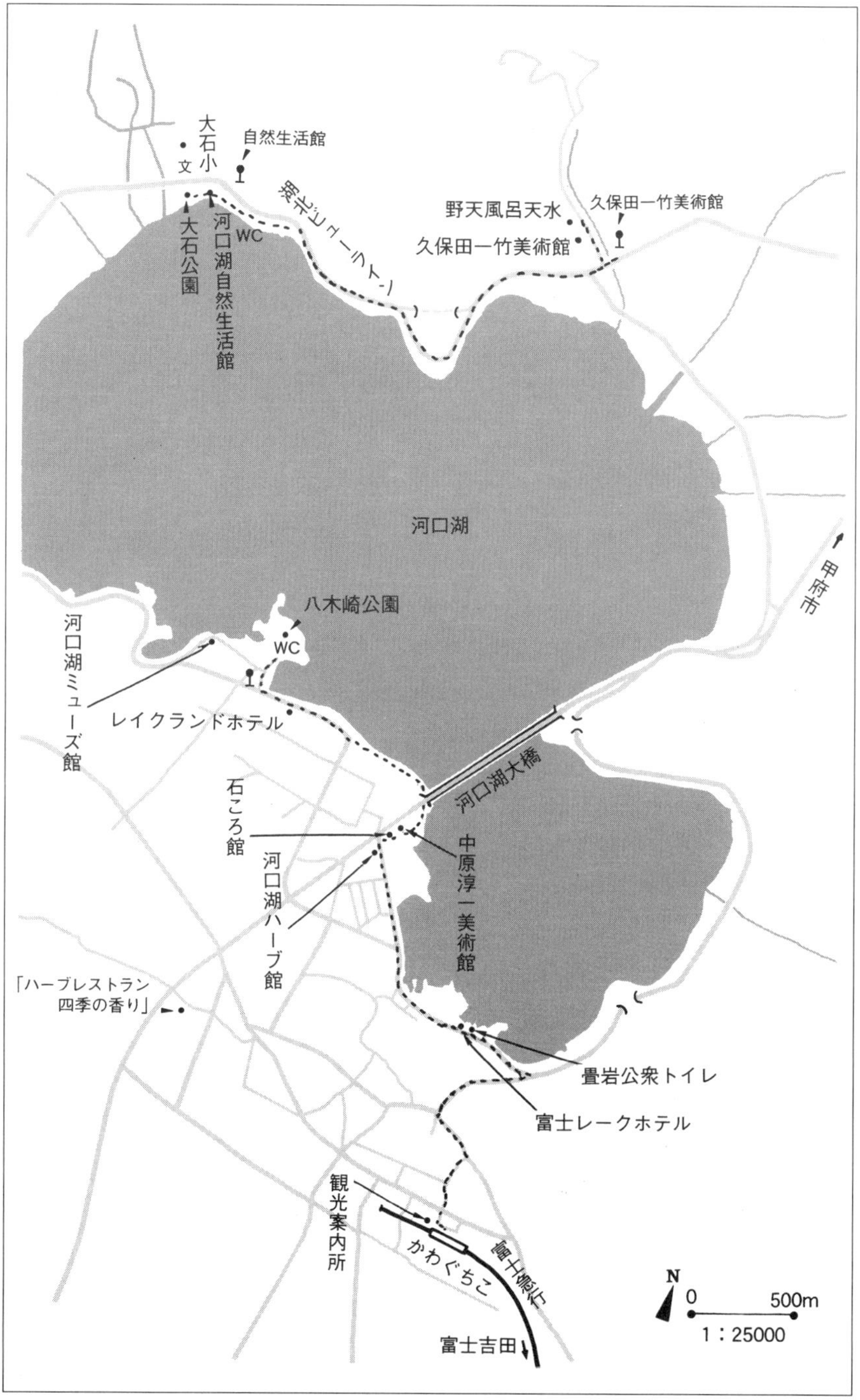
大石小
文
自然生活館
大石公園
河口湖自然生活館
WC
湖北ビューライン
野天風呂天水
久保田一竹美術館
久保田一竹美術館
河口湖
甲府市
八木崎公園
WC
河口湖ミューズ館
レイクランドホテル
河口湖大橋
石ころ館
中原淳一美術館
河口湖ハーブ館
「ハーブレストラン
四季の香り」
畳岩公衆トイレ
富士レークホテル
観光案内所
かわぐちこ
富士急行
富士吉田
N
0
500m
1：25000

箱根町

アジサイのトンネルを抜けて

箱根アジサイ電車＆塔ノ沢温泉

……大平台から阿弥陀寺へ

6月中旬～7月下旬

沿線に約一万株のアジサイが咲く頃、箱根登山鉄道の車窓から花のトンネルを楽しみ、大平台周辺の「あじさいの小道」を散策した後、塔の沢から山寺の風情あふれる阿弥陀寺へ向かう。途中、きつい上りもあるが、参道や境内にはアジサイが多く植えられ、本堂の裏山の緑が美しい。最後は花と木立に囲まれた塔の沢温泉ひめしゃらの湯で汗を流そう。

小田原駅または箱根湯本駅から箱根登山鉄道に乗り換え、しばし車窓からの眺めとアジサイの花のトンネルを楽しむ。登山電車は強羅《ごうら》まで標高差５００ｍの急勾配を、スイッチバックを繰返しながらゆっくり登る。沿線でもとりわけ花がみごとな大平台駅で下車し一巡してみよう。駅の階段を上って外に出ると左手が山神神社。目の前が国道1号線だ。通りを隔てて目の前に林泉寺がある。国道を少し上った左手に、大平台温泉の大きな案内柱と子育て阿弥陀堂が立つ。その手前

◎モデルコース　1時間25分

●アクセス／JR東海道線小田原駅または箱根登山鉄道箱根湯本駅下車。箱根登山鉄道に乗り換え大平台駅下車

大平台駅→（散策30分）大平台駅→（登山電車5分）塔の沢駅→（30分）阿弥陀寺→（20分）箱根ベゴニア園・ひめしゃらの湯

の角を左折すると、「あじさいの小道」の案内標識が出てくる。

皇女和宮ゆかりのあじさい寺

矢印に沿って温泉宿が並ぶ細い路地をたどり、玉の湯と一平荘の間を入って狭い階段を上ると、箱根登山鉄道の踏切に出る。そこからトンネルとカーブした線路が見え、線路沿いに咲くアジサイの花がみごとだ。

踏切を渡って線路沿いに歩き、次の踏切で再び戻り、階段を下って狭い通りを右へ進むと、大平台温泉姫の湯に出る。姫の湯は美肌効果があり、料金も銭湯並みの共同浴場。気軽に立ち寄るにはいい。その先の踏切を渡った先、民家の庭先に湧き出ている姫の水は、小田原北条氏の姫君が朝夕化粧に使ったという。さらに道を下ると国道1号線に出る。国道沿いに塔の沢まで歩けるが、車の通行が多いと歩きにくいので、大平台駅まで戻り箱根登山鉄道で移動しよう。

塔の沢駅からさらに階段を上ると、ひめ

アジサイの中をいく箱根登山鉄道

▼箱根ベゴニア園

＊営業／9時～17時　9月5、6日休　＊入園料／大人800円、小人400円　入湯セット（入園＋ひめしゃらの湯）大人1500円、小人700円　問合せ／☎0460（5）8383

▼阿弥陀寺

室町時代に弾誓上人によって創建された古刹。明治一〇年、塔ノ沢滞在中に急逝した皇女和宮の供養寺。参道や境内にはアジサイが多い。拝観無料。お抹茶400円。

しゃらの湯が右奥に見え、箱根ベゴニア園の駐車場に沿って左へ進むと、まもなく阿弥陀寺への参道・男坂入口がある。ここから先はきつい坂が続くので、滑りにくい靴が望ましい。うっそうと木が茂る参道を進んで山門をくぐり、苔むした石積みの階段を上ると、地蔵像が並ぶ分岐に至る。阿弥陀寺参道にはアジサイが多く植えられ、あじさい寺として知られる。また、療養のため塔ノ沢滞在中に急逝した、皇女和宮《かずのみや》の供養寺でもある。

　観音像が点在する急坂を上りきると、山を背にした本堂が目の前に現れる。境内のアジサイと山の緑が美しい。ここは本堂の座敷でお抹茶をいただくこともでき、11時頃からは話し上手で知られる住職の説法が始まる。

　帰路は地蔵像の分岐から、女坂を下る。道は舗装されているが、急坂もかなりあるので注意して歩こう。渓流沿いに下り突き当たりを右に折れると、箱根ベゴニア園の入口前に出る。ひめしゃらの湯はその裏手にあり、緑の中の広い露天風呂が気持ちいい。

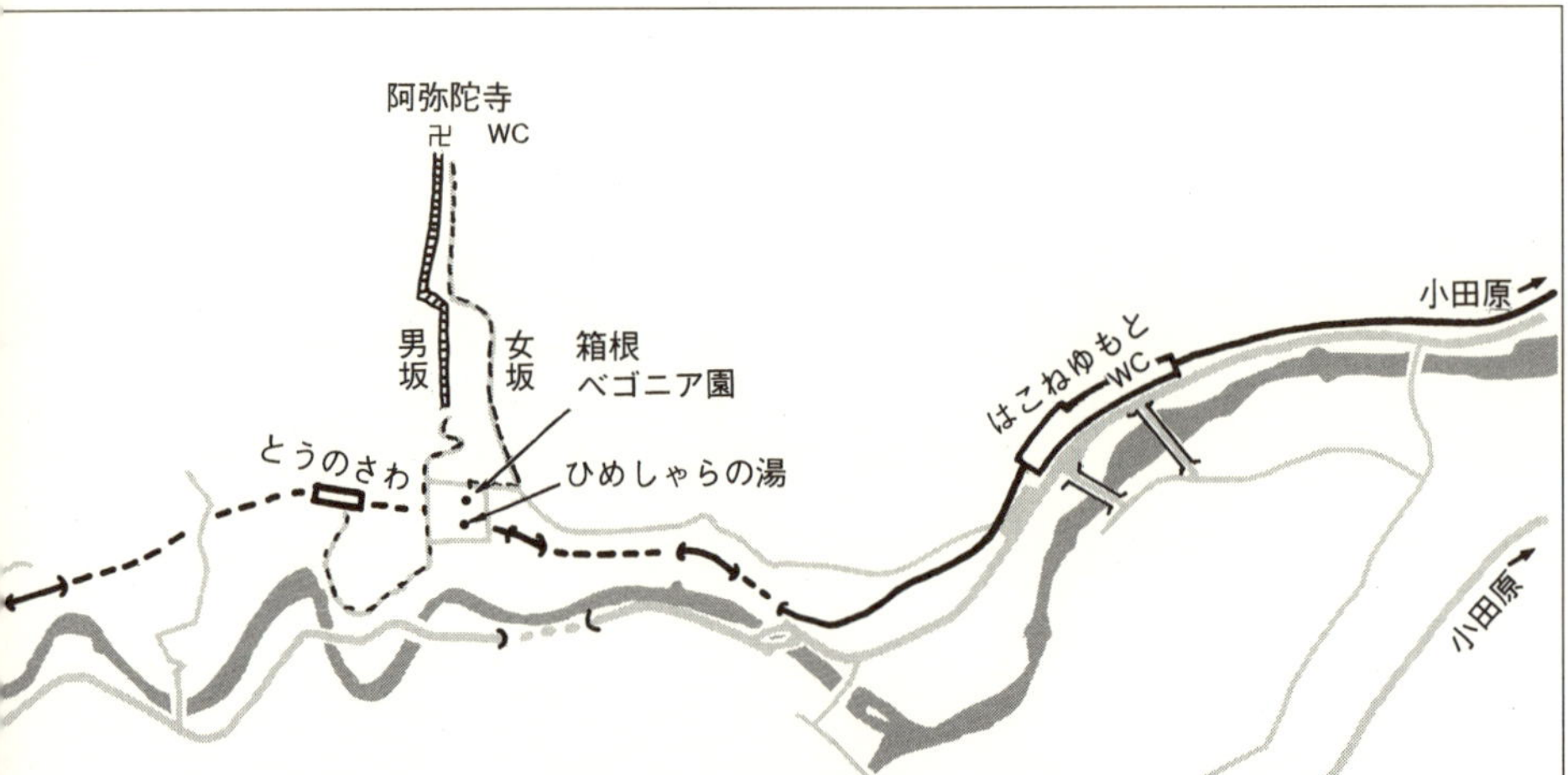

塔の沢温泉ひめしゃらの湯

●塔の沢温泉ひめしゃらの湯

神奈川県足柄郡箱根町塔の沢4 ☎0460（5）8383
日帰り温泉施設（ドライヤー・シャンプー・ボディソープ）
＊泉質／単純アルカリ泉　＊効能／神経痛、関節炎、冷え症など　＊営業／10時〜18時　土日祝10時〜19時　9月5・6日休
＊料金／大人1050円、小人500円　※タオル300円、シャンプーリンスセット200円

●WC／小田原駅、箱根湯本駅、大平台駅、阿弥陀寺

●ランチスポット／お弁当を広げるなら阿弥陀寺境内のベンチで。ひめしゃらの湯2階には和食レストランもある。

●アジサイの見ごろ／6月中旬から7月下旬

●問合せ／箱根町観光協会☎0460（5）5700

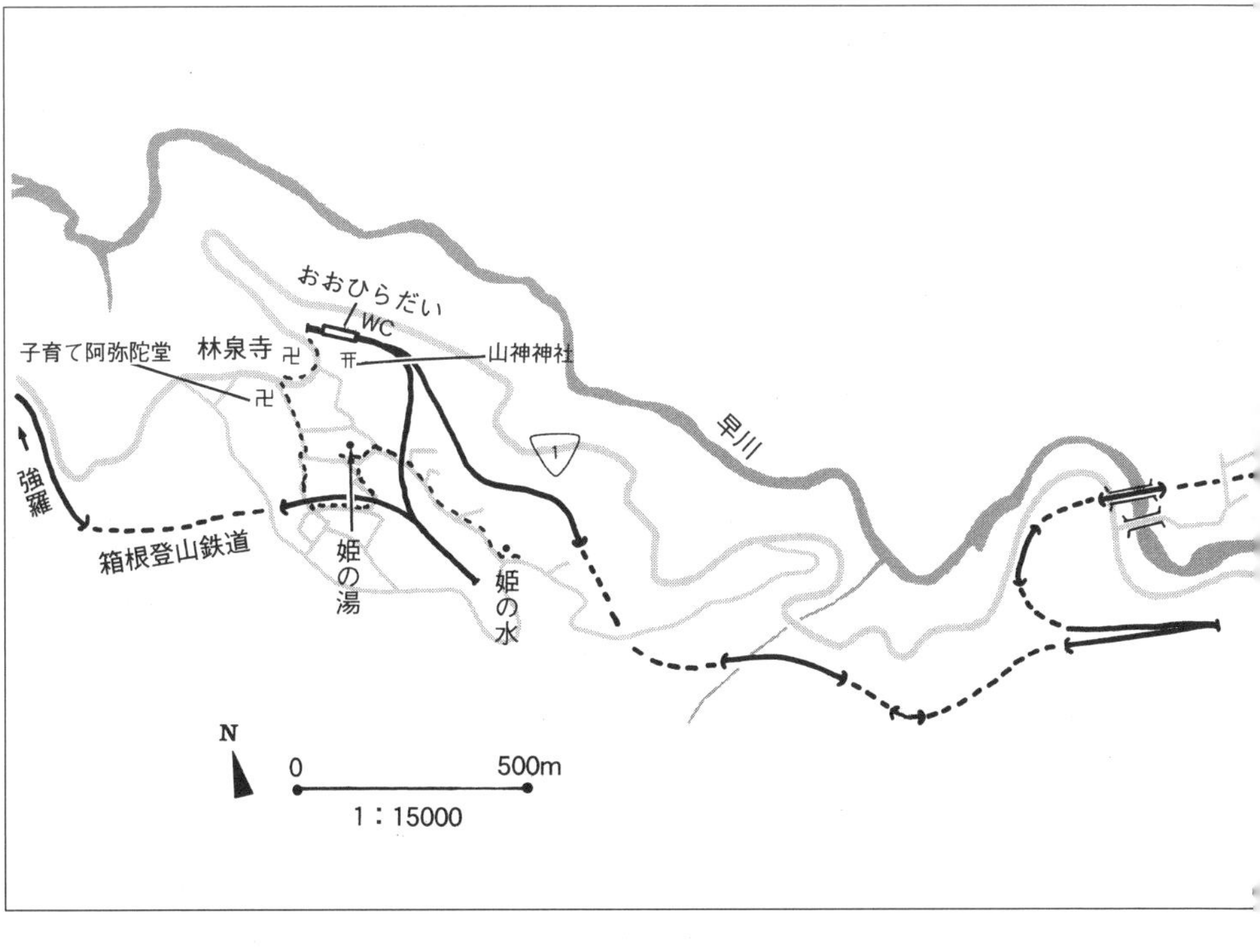

大滝村

原生林で背筋を伸ばす

三峰神社&三峯山興雲閣

7月〜8月

……杉木立の参道を抜けて山頂へ

荒川を上流に遡り三峰山へ。ロープウェイで山頂に上ると平地に比べて気温が5、6度低い。湿気が少なくカラッとしているので、夏のウオーキングにおすすめだ。古い社殿の三峰神社へ向かう道は堂々たる杉の原生林が続き、背筋がシャキッとしてくる。帰りに三峯神の湯と呼ばれる三峯山興雲閣に立ち寄れば、気分も爽快。元気に夏を越せそうだ。

大輪バス停で降り、三峰《みつみね》神社の白い鳥居をくぐる。赤い登竜橋に差しかかると真下を荒川が流れている。太い幹の杉木立を抜け、ゆるやかな坂を上って三峰山ロープウェイの大輪駅へ。駅から山側を見下ろすと竜門の滝が涼しげだ。山頂までロープウェイで一気に上る。

ロープウェイで約8分。標高1100mの山頂駅で降りると外はひんやりと涼しい。まるで別天地に来たようだ。しかも湿気が少なく快適。息を吹き返すよう

◎モデルコース　54分

●アクセス／秩父鉄道三峰口駅から西武バスの大滝方面行きで大輪下車

大輪バス停→(8分)ロープウェイ大輪駅→(ロープウェイ8分)山頂駅→(15分)三峰神社→(6分)三峰山博物館→(3分)ビジターセンター→(2分)神領民家→(12分)三峯山興雲閣

▼三峰山ロープウェイ
全長約1900m、標高差680m。9時15分始発。9時半〜17時の間を約30分ごとに運行。多客の時は臨時運転あり。　＊運賃／大人片道950円、往復1650円、子ども片道480円、往復830円

な心地だ。「三峰公園山頂を経て神社まで10分」の案内板があるので、行きは三峰公園を通る。少し上りになるが、傾斜はさほどきつくない。

大木が陽射しを遮り

鳥居のところで道が合流して、この先は松や杉の原生林が続く。太い幹の杉が何本も天に向かって伸びている。堂々と枝を張るさまを仰ぐと、自然と目線が上にいく。大木が陽射しを遮ってくれるので夏の暑さも忘れてしまいそうだ。

三峰神社の三ツ鳥居

やがて、三峰神社の青銅鳥居に着く。石段を上り、権現造りの見事な彫刻が施された拝殿を参拝する。境内には約二百年前に建てられた随身門など見どころが多い。足の向くままに散策しよう。遥拝殿は下界を一望できる場所で、ここから三峰神社奥宮を遥拝する。すぐそばに日本武尊《やまとたける》銅像があり、銅像の周りには斎藤茂吉などの歌碑が立っている。

三ツ鳥居まで歩くと三峰山博物館がある。茶店のある道に出てビジターセンターへ。

▼三峰神社
今から約千九百年前、日本武尊がイザナギノ尊・イザナミノ尊の二神をまつったのが始まりと伝えられる。火災や盗難の守護神でお犬様（狼）信仰で知られる。8月26日には獅子舞が奉納される。

ここで予備知識を得てバードウォッチングを楽しむのもいい。三峰山には夏はアオバズク、オオルリ、キビタキなどが生息。耳を澄ますと平地とは違った鳥の声が聞こえてくる。この先が三峰神領民家。江戸時代の古い民家を移築したもので、茅葺き屋根に黒塗りの柱。縁側に陽が当たり、ほのぼのと心温まる景観だ。

肌がすべすべ、しっとり

道を戻り、帰路は茶店の続く道を通って三峯山興雲閣へ向かう。ここは三峰神社の宿坊だが、三峯神の湯と呼ばれる温泉が湧き日帰り入浴もできる。泉質はイオンやマグネシウムなど含有成分の種類も含有量も多いのが特徴。内湯のみだがお湯につかるとすぐに肌がすべすべしていい感じ。女性にはこのしっとり感が嬉しい。

神の森と神の湯で心身共に癒され、ロープウェイの駅に戻る。三峰公園との分岐に来たら右へ。温泉に入った後なので、傾斜のない平坦な道で帰ろう。

神領民家

▼三峰山博物館
三峰神社や三峰信仰について常設展示している。＊開館／9時～16時 月曜休（祝日の翌日休） ＊入館料／大人300円、小人150円

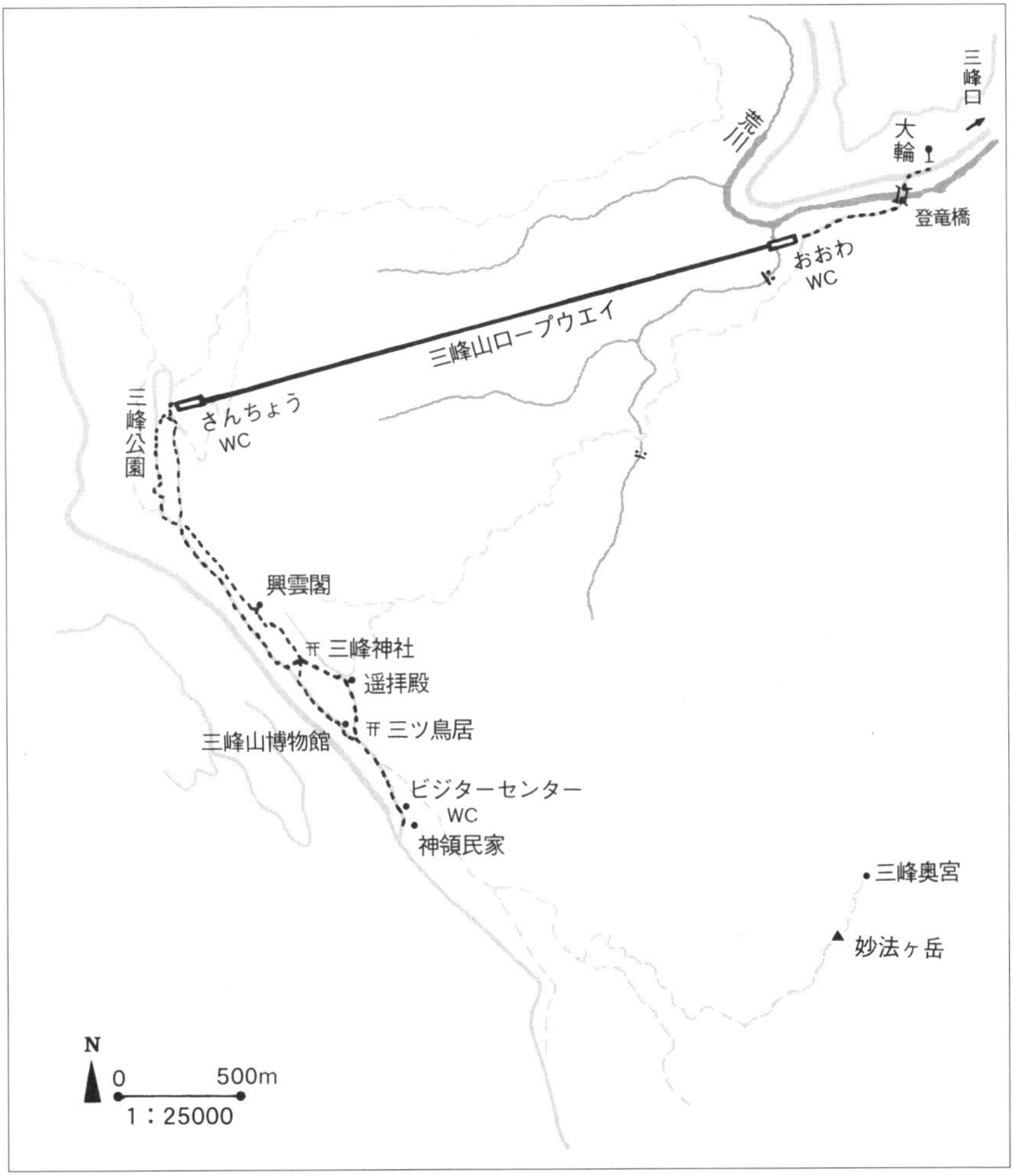

●三峯山興雲閣
埼玉県秩父郡大滝村三峰298－1
☎0494（55）0241
三峰神社宿坊（ドライヤー・シャンプー・ボディソープ・タオル）
＊泉質／ナトリウム－塩化温泉
＊効能／慢性消化器病、慢性婦人病、神経痛、疲労回復、花粉症、アトピー性皮膚炎、アレルギー性呼吸器疾患など　＊営業／10時半～20時
＊料金／大人500円、小学生400円、幼児100円

●WC／三峰口駅、大輪バス停、ロープウェイ大輪駅、ロープウェイ山頂駅、三峰山郵便局、三峰ビジターセンター

●ランチスポット／興雲閣の1階に食堂が、向かいに喫茶室小教院があるほか、三峰公園と三峰山博物館の近くに茶店が何軒かある。お弁当は日本武尊の碑の側のベンチか、ビジターセンターの手前のあずまやで。

●問合せ／大滝観光協会☎0494（55）0707

皆野町

水いっぱいの納涼コース

秩父華厳の滝&満願の湯

……皆野駅から阿左美氏館跡へ

7月〜8月

滝、せせらぎ、おいしい水。秩父華厳の滝から日野沢川沿いを歩く道は、この三つが揃った納涼コース。静かな山里の風景が心をなごませ、水潜寺の長命水が力を与えてくれる。8月上旬から観光ブドウ園もオープンするので、旬の味覚を味わうのもいい。最後はアルカリ性の高い温泉、満願の湯に立ち寄りゆっくり汗を流していこう。

皆野駅前からバスに乗り、「秩父華厳前」で下車。すぐ向かいに秩父華厳の滝への看板が出ている。急な坂を上り、人一人がやっと歩けるような細い道を下りて滝つぼへ向かう。よそ見していると崖下に足を踏みはずしてしまいそうだ。滝つぼは水しぶきが気持ちよく、汗がスーッと引いていく。滝の上に回ると親しみやすい表情の不動明王が、滝の守り神であるかのようにどっしりと構えている。

日野沢川沿いの道を戻り、水潜寺《すいせんじ》へ向かう。一般道だが車の通りも少なく山里

▼秩父華厳の滝

高さ十数mの滝だが、姿が日光の華厳の滝と似ているところから、この名で呼ばれるようになった。

◎モデルコース　1時間3分

●アクセス／秩父鉄道皆野駅から皆野町営バス「西立沢」行きで「秩父華厳前」下車

秩父華厳前バス停→(3分)秩父華厳の滝→(20分)水潜寺→(25分)阿佐美氏館跡→(15分)満願の湯

のいい道だ。幅２ｍほどの所があったり、山のふもとに点在する民家をつなぐように道が続く。清流でアゲハの仲間やオニヤンマの姿を見つけたり、秋の七草の一つクズの花がいたる所で見られる。ふるさとの原風景を見ているような、心なごむ風景だ。

お湯はほんのり乳白色

ゆるやかに下りながら15分ほど歩くと水潜寺への道標が出ている。石段を上って本堂（観音堂）へ。本堂の前に足形があり、この上に足を乗せてお参りすると百観音巡礼の功徳があるという。境内には長命水が湧き出ている。自然の恵みを口に含むと息を吹き返すようだ。

道を戻って日野沢川沿いを川下へ歩く。さらさら流れる水の音が涼し気だ。木造校舎の風情ある日野沢小学校を過ぎ、大神沢橋を経て10分ほど先へ行くと阿左美氏館跡の案内板が出ている。坂を上ってみるとわずかに石垣と門の跡が残るのみだが、高台

水潜寺

▼水潜寺
秩父札所三十四番霊場、日本百観音霊場の結願寺として巡礼者が打留の札と笈摺《おいずる》を納めるお寺。観音堂は六間四面の方形造りで一八二八（文政十一）年の建築。境内には百観音結願堂、三十三観音などがある。

で見晴らしがいい。明伝寺を過ぎるとまたせせらぎの音が聞こえ、時折、ミンミンゼミの大合唱が響く。破《はっ》風《ぷ》山《さん》への分岐を過ぎると右にブドウ畑が広がる。

温泉橋を渡り純日本風の満願の湯へ。夏は40～41度の間で調整してあるという内湯は、熱すぎずちょうどいい湯加減だ。庭園風の露天風呂に行くとお湯はほんのり乳白色。ここにも長命水が湧き出ていて飲用できる。露天で涼みながら飲む水は格別においしい。

向かいのあざみ園では8月上旬～10月初めごろまでブドウ狩りができる。収穫の時期に合わせて出かけ、新鮮なブドウを味わうのもいいだろう。

帰りは秩父温泉前からバスに乗れるが、先へ歩いて根古屋橋バス停まで行くと金沢方面からのバスも止まる。停留所にはふるさと歩道の休憩舎があるので、バスを待つ間、陽射しを避けながらひと休みできる。

もう少し距離を歩きたい方は秩父華厳前から2・5㎞ほど先の「東門平」でバスを降り、門平高札場跡から歩くといいだろう。

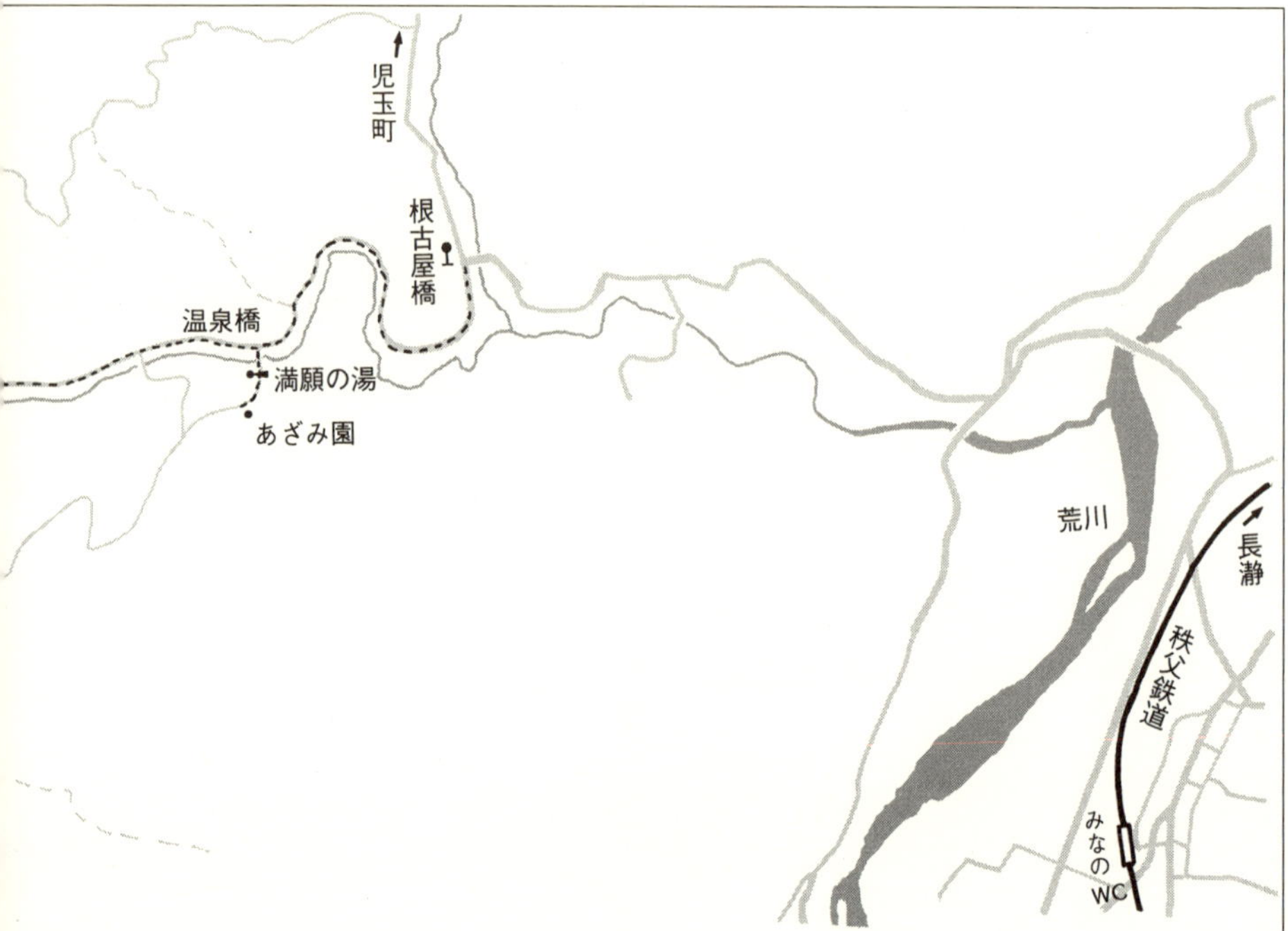

秩父華厳の滝

●秩父温泉満願の湯
埼玉県秩父郡皆野町下日野沢4000
☎0494（62）3026
日帰り温泉施設（ドライヤー・シャンプー・ボディソープ）
＊泉質／単純硫黄泉（低張性アルカリ性冷鉱泉）　＊効能／慢性皮膚病、糖尿病、花粉症、アトピー性皮膚炎、慢性消化器病など　＊営業／10時～21時　無休　＊料金／平日大人650円、小人300円　土日祝大人800円、小人400円　タオル250円で販売

満願の湯の隣には町営の日帰り温泉水と緑のふれあい館（☎0494・62・5227）もある。

●WC／皆野駅、水潜寺

●ランチスポット／お弁当なら秩父華厳前のバス停を少し戻った所と水潜寺にあずまやがある。満願の湯ではそば、うどんなどが食べられる。

●バス／午前中に2本と本数が少ないので接続時間を調べてから出かけよう。

●問合せ／皆野町観光協会☎0494（62）1230

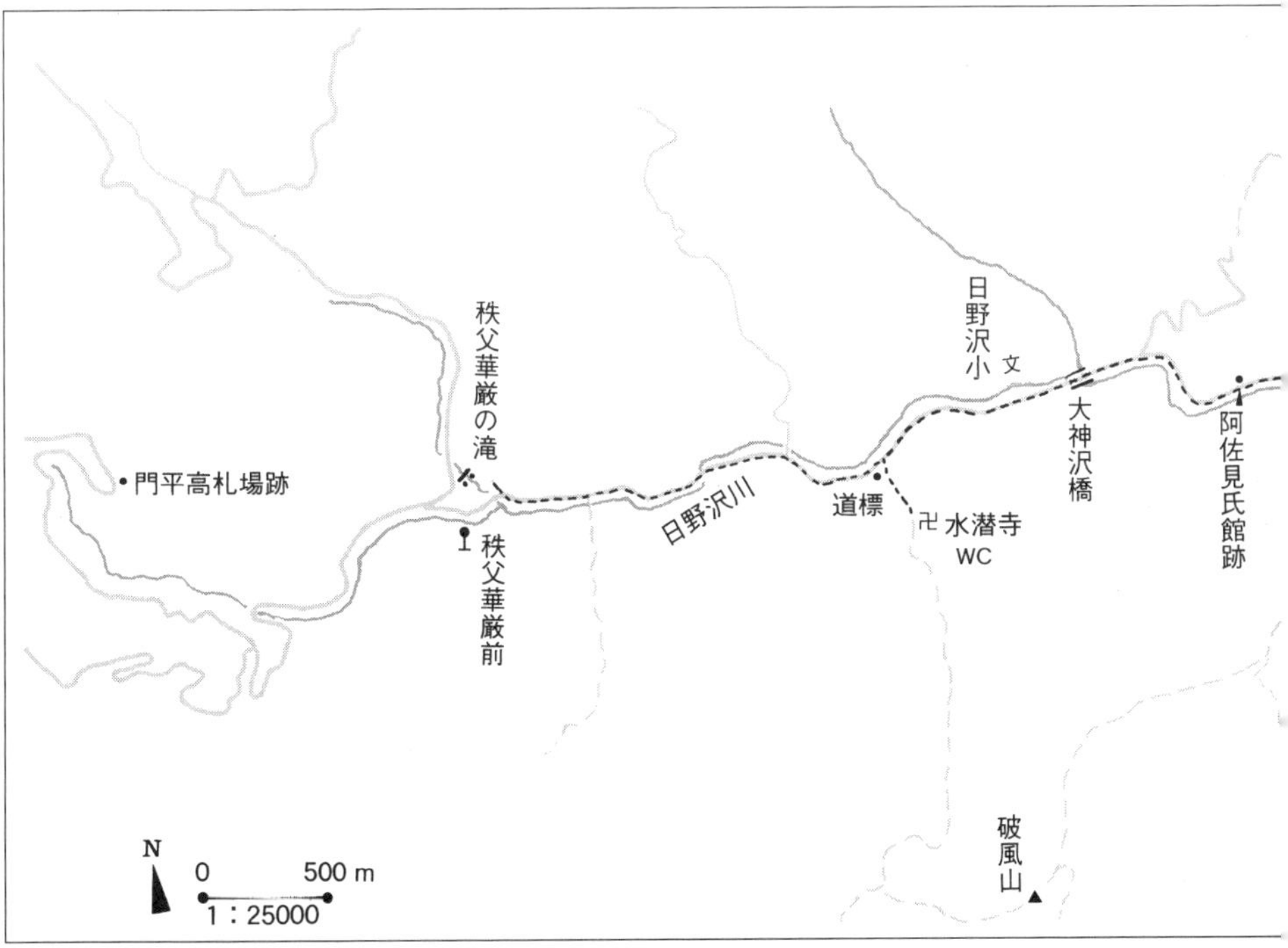

檜原村

ブナの森が迎えてくれる
都民の森＆数馬の湯

……都民の森散策

7月〜8月

都民の森は標高1000mを超える山岳公園。山梨県との境にそびえる三頭山の中腹にあたり、奥へ歩くとブナの森が広がる。気持ちのいい森林浴エリアだ。園内は遊歩道が整備され三頭大滝、野鳥観察小屋、里山などがあるので体力に応じてコースを組み立てるといい。帰りは森の温泉、数馬の湯に立ち寄っていこう。

武蔵五日市駅から数馬《かずま》行きのバスに揺られて約1時間。終点の「数馬」でバスを乗り継いでさらに10分。東京にもこんなに山深い所があったのかと驚く。「都民の森」でバスを降りると、案内所があるので地図を入手しよう。まずは森林館へ。歩いて7、8分でログハウス風の建物が見えてくる。ここでは都民の森一帯の自然をマルチビジョンで解説している。

森林館で予備知識を得たら公園を散策しよう。涼を求めて三頭《みとう》大滝へ向かう。

◎モデルコース　2時間23分

●アクセス／JR五日市線武蔵五日市駅からバス「数馬」行きで終点下車。「都民の森」行きに乗り換え。午前中には直通バスが2本。

都民の森バス停→（8分）森林館→（20分）三頭大滝→（45分）見晴し小屋→（50分）都民の森バス停→（バス10分＋10分）檜原温泉センター

大滝の道と名付けられた散策路にはウッドチップが敷いてある。よく整備され、平坦で歩きやすい道だ。木陰が続いて汗が引いていく。5、6分で展望のいい場所に出る。生藤山《しょうとうさん》、土俵岳、東京湾方面を望んで先へ進むと滝の音が聞こえてくる。

滝つぼを覗き込む

滝見橋から三頭大滝を眺めると、岩盤を伝って流れ落ちる水しぶきが豪快だ。滝つぼはちょうど橋の下。吊橋から覗こうとすると高さに足がすくむ。散策路に戻って滝の側のベンチでひと休み。滝の上に回り道の分岐を右へ、沢沿いを上っていく。ウッドチップが敷いてあるのは滝までで、この先は石と土の道になる。すべりやすい場所もあるので、ハイキングの装備で出かける方がいい。

途中の展望テラスまで沢沿いの上りが続く。石づたいに沢を渡り、次のテラスの先が野鳥観察小屋。ここで、見晴し小屋へ行

見晴し小屋からの展望

▼都民の森
三頭山の中腹に広がる標高1000～1500ｍの山岳公園。動植物など自然の宝庫で、四季折々の森の風景に出会える。＊開園／9時～16時半（季節により変更あり）　月曜休（祝日は翌日休、夏休み無休）
＊問合せ／都民の森管理事務所☎042（598）6006

く道と森林館へ戻る道に分かれる。見晴し小屋へはさらに20分かかり、しかも急な上りが続く。疲れたら森林館へ戻る方が無難だ。

見晴し小屋は標高1397mの地点にある。木のデッキから山の景色を眺めて鞘口《さいくち》峠に向かう。道の分岐で左へ行くと急な下りが続く。下る一方というのも案外足に負荷がかかり気が抜けない。30分近く下って鞘口峠に出るとさすがにホッとする。スポーツ歩道を過ぎるとチップを敷いた道になり、やがて森林館が見えてくる。森林館では自由木工教室を開いており、手形抜やキーホルダーを作ることができる。

バスで数馬まで戻り、歩いて檜原温泉センターへ。途中の数馬の集落には築二百年以上たつ兜《かぶと》造りの民家が残され、昔ながらのたたずまいに心がなごむ。

檜原温泉センター数馬の湯には石造りの内湯と露天風呂がある。露天風呂は源泉に近く、ほんのり硫黄の香り。森の空気を浴びながらやわらかなお湯につかっていると、時間を忘れてしまいそうだ。

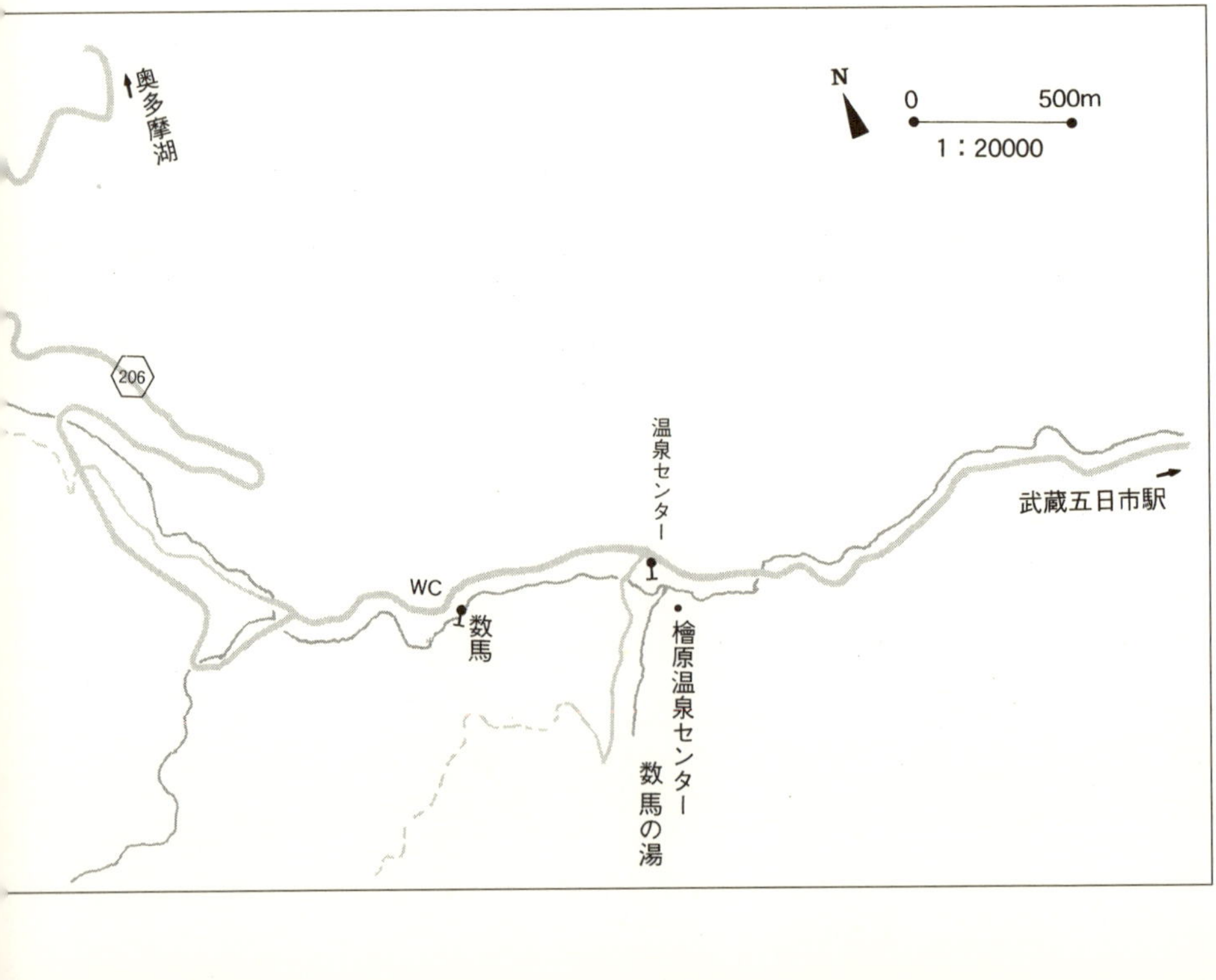

三頭大滝

●檜原温泉センター数馬の湯
東京都西多摩郡檜原村2430 ☎042（598）6789
日帰り温泉（ドライヤー・シャンプー・ボディソープ） ＊泉質／単純硫黄泉 ＊効能／慢性皮膚病、糖尿病、花粉症、アトピー性皮膚炎、慢性消化器病など ＊営業／10時～22時 冬期10時～19時 月曜休 ＊料金／3時間大人800円、小人400円、未就学児無料
数馬には兜造りのたから荘（☎042・598・6001）もあり、日帰り入浴ができる。

●WC／都民の森、数馬バス停の先
●ランチスポット／お弁当なら都民の森のコース中にベンチやあずまやが、三頭大滝のそばには大滝休憩小屋もある。森林館のレストランではすいとん定食、うどんなどがあり、数馬の湯でも食事ができる。
●バス／本数が少ないので時間を調べてから出かけよう。
●問合せ／檜原村観光協会☎042（598）0069

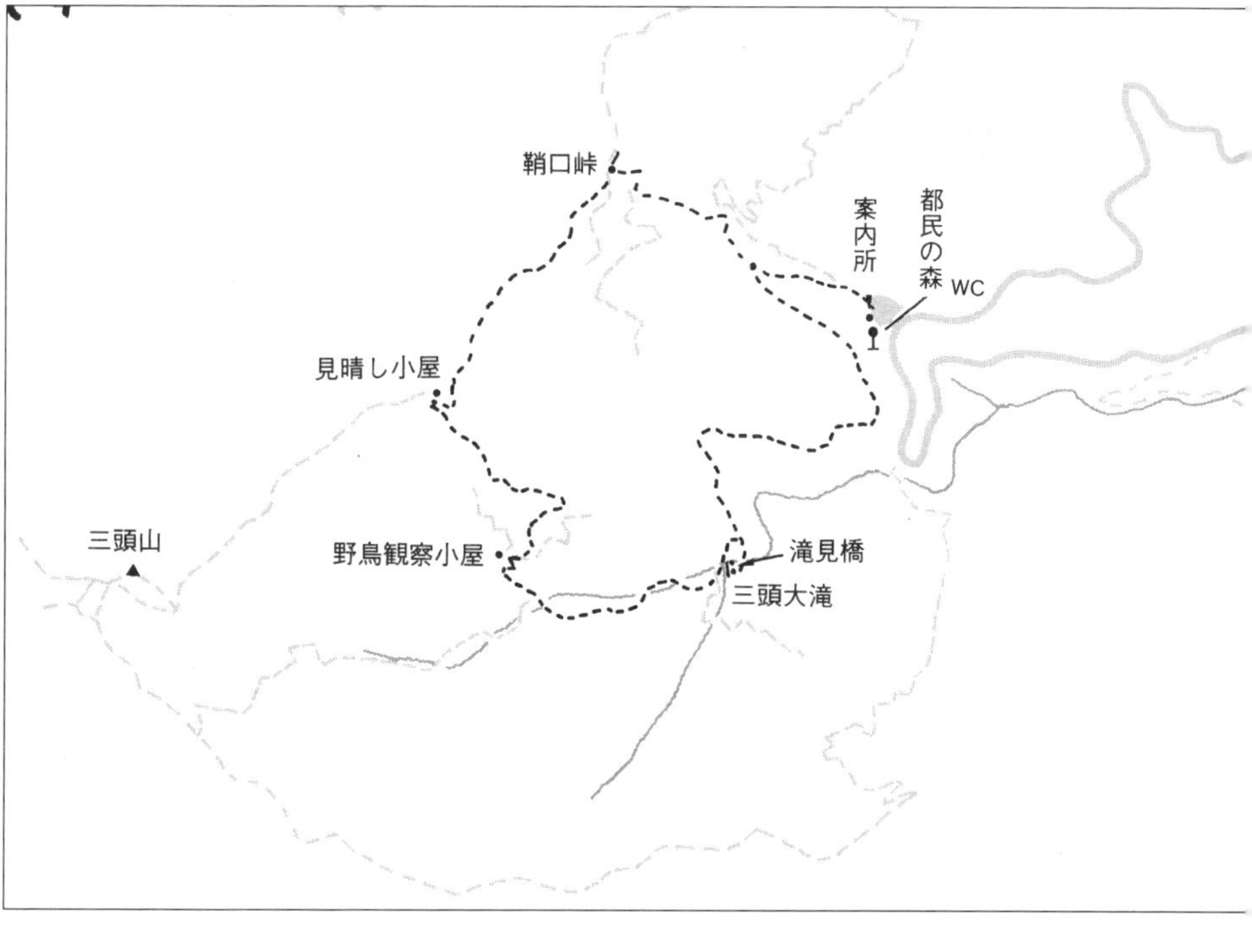

富士絶景づくし

忍野八海&紅富士の湯

……………忍野から東海自然歩道

7月～9月

富士山の伏流水が湧きだす忍野八海は、富士山の絶景ポイントが多いことでも知られる。湧水池や清流が涼しげな忍野の里を訪ね、ハリモミ純林沿いに東海自然歩道をたどって、ポピーやヒャクニチソウ、コスモスなどの花が咲き乱れる花の都公園まで足を延ばす。旅のしめくくりは、山中湖畔の紅富士の湯につかり、露天風呂から富士山の眺めを楽しもう。

富士吉田駅から「内野」行きバスに乗り、「お宮橋」で降りたら桂川沿いの道に入る。桜並木の木陰をせせらぎの音を聞きながら進むと、まもなく忍野《おしの》八海の中心の湧池や鏡池がある賑やかな一画に出る。池のまわりには茶店や土産店が立ち並び、観光客も多い。

水車小屋の裏手にある榛の木林《はんのきばやし》資料館は有料のせいか人が少ないが、入口を入ると目の前に長い裾野を引いた富士山が見える。正面の池のまわりには水車や茅

▼忍野八海

富士山の伏流水が湧き出す八つの池（湧池、出口池、お釜池、濁池、鏡池、菖蒲池、底抜池、銚子池）の総称。

＊問合せ／忍野村観光協会☎0555（84）4222

◎モデルコース　1時間50分

●アクセス／JR中央本線大月駅から富士急行線に乗り換え富士吉田駅下車。駅前から富士急バス「内野」行きに乗り「お宮橋」下車

富士吉田駅→（バス約30分）お宮橋→（10分）忍野八海・榛の木林資料館→（20分）箕公園→（25分）山中湖花の都公園→（15分）内野入口→（10分）紅富士の湯

葺きの民家が並び、その姿を水面に映している。かつて豪族の屋敷だった旧家の母屋には、古民具や古文書など貴重な民俗資料が展示されている。敷地内には忍野八海の一つ、底抜池があり、近くに銚子池や濁《にごり》池などもある。

彩り鮮やかなお花畑が間近に

資料館を出て左へ川沿いに歩いて行くとお釜池、その奥の細い水路に沿って歩いて行くと大橋バス停に出る。忍野村には湧水と地粉を使った生麺を売る店も多く、そばやうどんを試食した上で買える店もある。試食用に盛られたそばはたっぷり一人前あり、田舎ならではの素朴な味わいとおおらかさが嬉しい。

鱒の家駐車場前の通りを直進すると、小さな石橋の手前に東海自然歩道の標識が出てくる。山中湖方面へ進みトウモロコシ畑に沿って歩くと、石碑が立つ筧《かけひ》公園。なおも直進し上村信号を右折すると、ハリモミ純林の間を車道が通り、それに沿って東海自然歩道がまっすぐ続いている。

忍野八海

▼花の都公園
山中湖のほとり、標高1000mの高原では、6月にポピー、7月にはフランス菊、8月はヒャクニチソウとヒマワリ、9月にはコスモスなどが咲き乱れる。入園無料（一部施設有料）。＊問合せ／花の都公園管理センター☎0555（62）5587

▼清流の里
花の都公園内にあり、大水車や滝がある。隣接のフローラルドーム「ふらら」も共通。＊営業／8時半〜17時半（10／16〜4／15は9時〜16時半）無休　＊入場料／大人500円、小中学生200円

林を抜けると、富士山を背景に花の都公園と清流の里の建物が見えてくる。バス停前の食事処・花庵を左へ入ると、彩りも鮮やかなお花畑が間近に迫ってくる。清流の里には幅80mの滝や三連の大水車のほか、富士山の噴火でできた溶岩洞穴や溶岩樹型の展示もある。

清流の里を出てすぐ左に折れ、川沿いのサイクリングロードを進む。国道138号線に出たら山中湖西信号を渡って右折し、その先の紅富士の湯の看板を入ると、広い駐車場の前に出る。

花の都公園

冠雪の紅富士

紅富士の湯は村営の日帰り温泉施設。露天風呂にゆったりとつかりながら、刻々と色合いを変える富士山を眺めるのは至福のひとときだ。朝日に染まる紅富士が見られる冠雪期は、休日のみ早朝から営業する。帰路は、内野入口バス停から「富士吉田駅」、「御殿場駅」行きのバスに乗ろう。

●山中湖温泉紅富士の湯
山梨県南都留郡山中湖村山中865-776
☎0555（20）2700
日帰り温泉施設（ドライヤー・ボディソープ）
＊泉質／アルカリ性単純温泉　＊効能／神経痛、筋肉痛、関節痛、五十肩、運動麻痺など　＊営業／10時～21時　12～3月の土日祝のみ6時～21時　火曜休（7・8月は無休）
＊料金／大人700円、学生500円、小人200円

●WC／富士吉田駅、忍野八海、村営鱒の家無料駐車場、覓公園、花の都公園駐車場

●ランチスポット／忍野八海周辺または花の都公園内の食事処。花の都公園バス停前花庵ではそばやうどんなどの軽い食事ができ、ひと休みにもいい。

●バス／新宿から中央高速バス山中湖行利用の場合は「忍野入口」で内野行きに乗り換え。

●問合せ／忍野村観光協会☎0555（84）4222、山中湖観光協会☎0555（62）3100

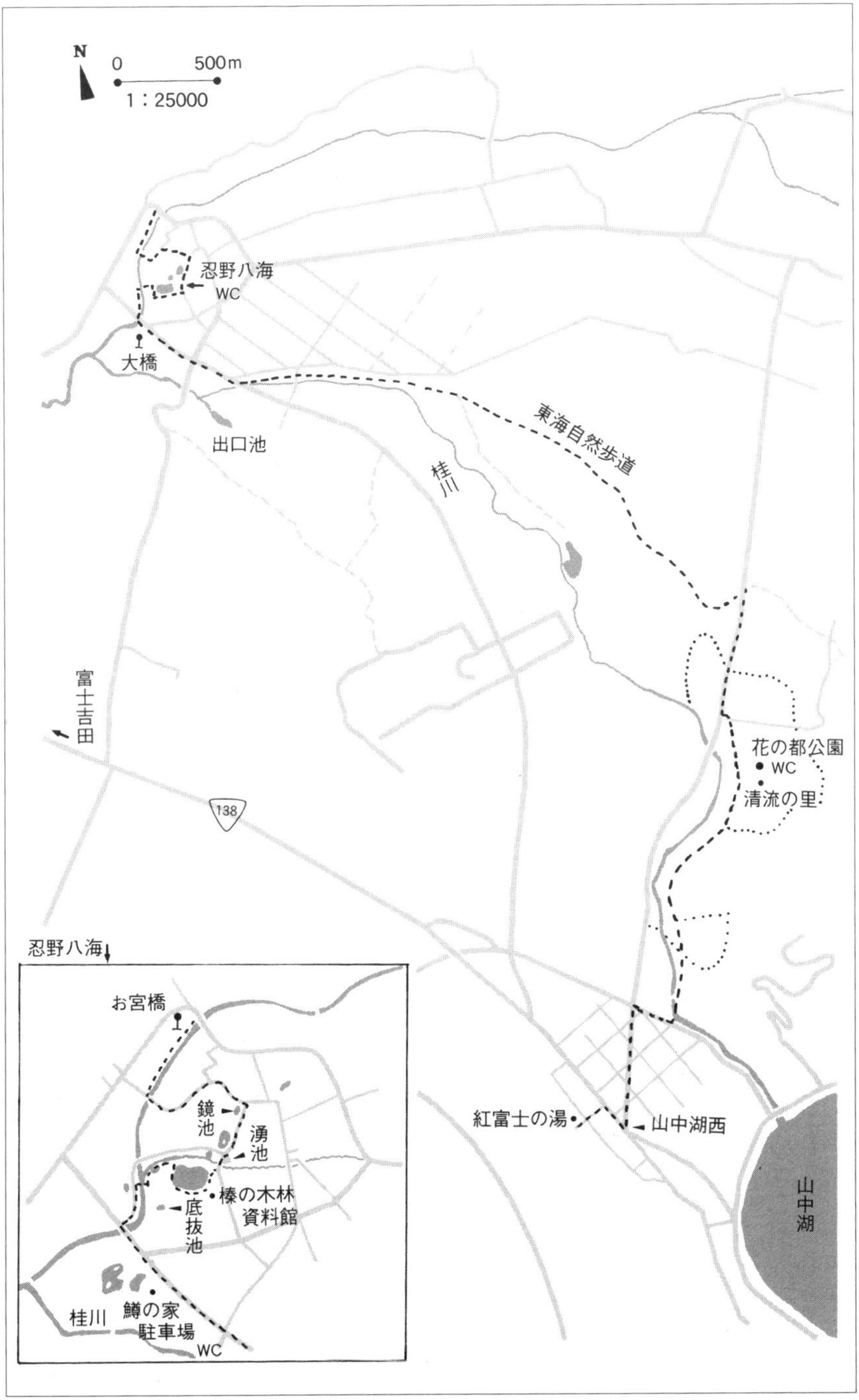
N
0
500m
1：25000
忍野八海
WC
大橋
出口池
桂川
東海自然歩道
富士吉田
138
花の都公園
WC
清流の里
紅富士の湯
山中湖西
山中湖
忍野八海
お宮橋
鏡池
湧池
榛の木林資料館
底抜池
桂川
鱒の家
駐車場
WC

御殿場高原、緑陰の遊歩道

時の栖&気楽坊

……時の栖をひとめぐり

7月〜9月末

御殿場高原「時の栖」は六万五千坪の広いエリアに、ホテルや美術館、地ビールレストラン、手作り工房などが集まった総合リゾート施設だ。敷地内には、桜並木や渓流沿いの散策路、広い温泉施設もありのんびりできる。最後は、どのお風呂からも富士山が見える天然温泉気楽坊で富士山を眺めながらゆったりくつろごう。

御殿場駅の乙女口に出て、駅前から御殿場高原「時の栖《すみか》」の無料送迎バスに乗る。時の栖の正面入口を入ると、桜の木が植えられた広場を囲むようにホテルと地ビールレストラン、手作り工房などが並んでいる。その後ろには、桜並木の遊歩道をはさんでサッカーグランドやテニスコートなどのスポーツ施設、前島秀章美術館などがある。まずは周囲をひとまわり歩いてみよう。

右手のホテル横から石仏が並ぶ遊歩道をたどると、まもなく御殿場富士見十景

◎モデルコース　1時間7分
※時の栖の散策時間を含む

●アクセス／JR御殿場線御殿場駅下車。または新宿から特急あさぎりに乗り御殿場下車

御殿場駅→（送迎バス約15分）時の栖→（20分）天神山→（園内散策30分）御殿場高原レストラン→（1分）前島秀章美術館→（1分）天然温泉・気楽坊

▼前島秀章美術館
木彫家前島秀章の作品を集めた美術館。＊営業／9時〜19時　＊料金／800円（気楽坊、レストラン利用者は500円）　＊問合せ／☎0550（87）5016

の一つ、天神山の展望台に至る。目の前に長い裾野を引いた雄大な富士山が見える。

できたての地ビールが飲める

眺望を楽しんだ後は、階段を下りホテル時の栖の裏に出る。ホテル左端のティールームの角をまわると、渓流沿いの遊歩道に導かれる。木立に覆われた緑陰の遊歩道には滝や吊橋もあり、せせらぎの音も涼しげだ。

時の栖内の地ビールレストラン

遊歩道をひとまわりしたら桜の広場に戻り、御殿場高原ビールのレストランでランチタイムにしよう。木組みの外壁に万国旗がディスプレイされたレストランは、400席もある広さで、ドイツのビアホールを思わせる。

テーブル席からガラスごしに巨大な仕込み用の銅釜が見える。実際にここでビールの仕込みをしているので、文字通りできたてのビールが飲める。本場ドイツの製法を守り、富士山の湧水と麦芽、ホップと酵母

▼手作り工房
手作り体験教室。ソーセージやパン、チーズの手作り体験教室は予約申込み制。＊料金／ウインナー教室1000円、チーズ教室1500円　木曜午後休　木曜午後実施のパン教室は料金1000円　＊問合せ／☎0550（87）6528

だけで作る地ビールは、モンドセレクション金賞を受賞した折り紙つきだ。

地ビールレストランを出たら、木彫家・前島秀章の作品を集めた前島秀章美術館へ。入口を入るとさまざまなポーズと表情をした木彫の人形や動物たちが迎えてくれる。素朴でぬくもりのある作品は、ほのぼのとしたユーモアにあふれ、見ていると気持ちがなごむ。

杉木立の中にある露天風呂

美術館を出て先へ進むと、右手奥にある茅葺きの門構えの立派な和風建築は、和食の旬膳処・茶目。二百年前の豪商の館を福井県から移築し復元したものだ。

折り返して最後に天然温泉気楽坊へ。広い館内には大浴場や露天風呂のほか死海から運んだ原塩を利用した塩の湯もある。館内着のまま木の長い渡り廊下を通って、杉木立の中にある露天風呂にも足を延ばそう。ここは人も少なく静かで、のんびり湯につかれるのがいい。

天然温泉気楽坊の露天風呂

▼御殿場高原ビール
地ビールレストラン
＊営業11時〜22時（11月〜3月は21時まで）　平日の14時〜17時は閉店
＊問合せ／☎0550（87）5500

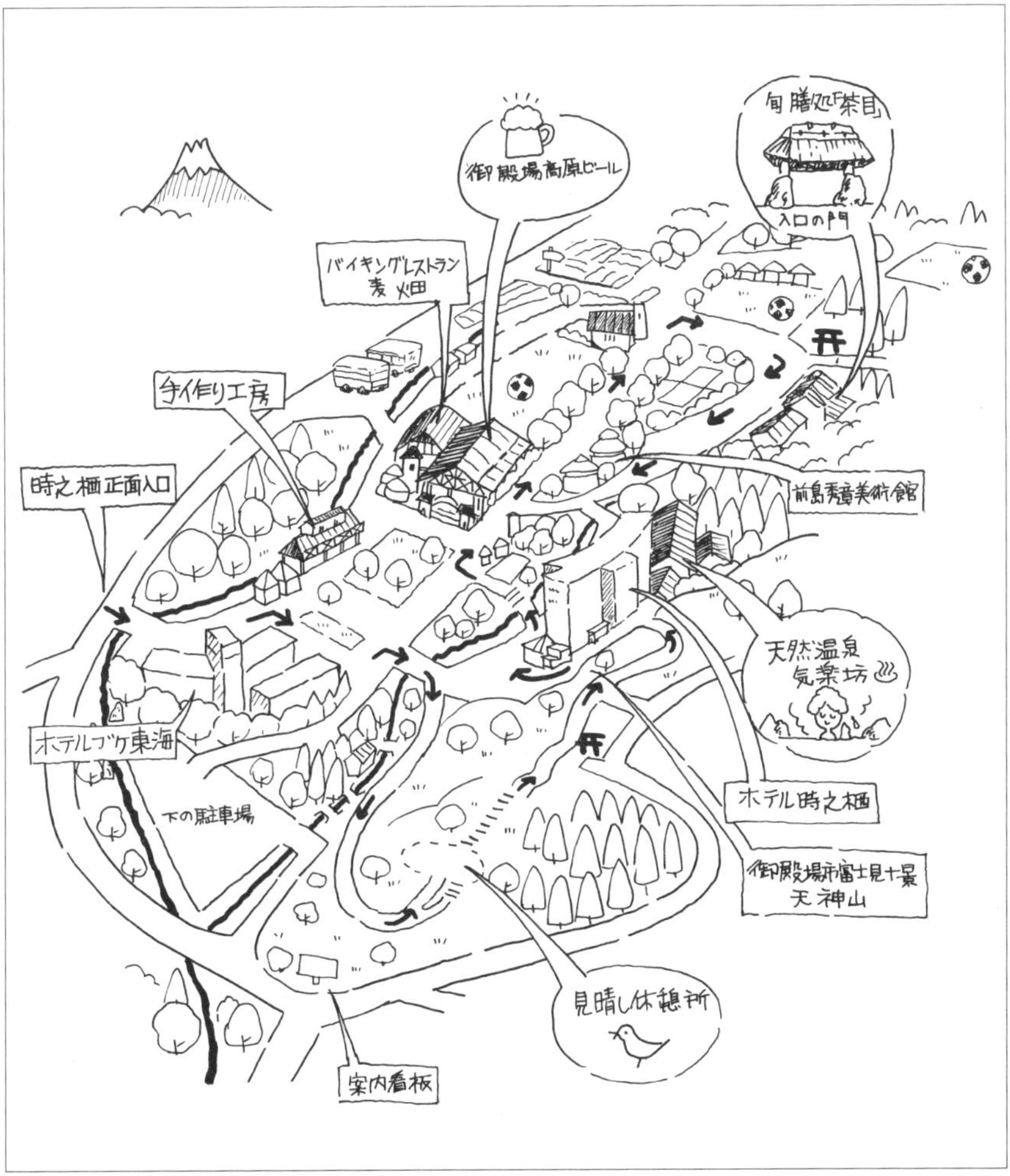

●天然温泉気楽坊
静岡県御殿場市神山719
☎0550（87）5126
日帰り温泉施設（ドライヤー・シャンプー・ボディソープ・タオル） ＊泉質／アルカリ単純泉 ＊効能／神経痛、皮膚病、リウマチ、胃腸病など ＊営業／4月～10月10時半～23時 11月～3月10時半～22時 無休 ＊料金／平日大人40分700円 土日祝900円 平日大人1日1500円 土日祝2000円 バスタオル、浴衣付き ＊施設／大浴場、露天風呂、寝湯、塩釜風呂。大広間無料休憩室、レストランなど
●WC／御殿場駅、時の栖
●ランチスポット／敷地内に御殿場高原ビールのレストランのほかバイキングレストラン麦畑、旬膳処・茶目などがある。
●問合せ／御殿場市観光協会☎0550（83）4770

ウオーキングを楽しむために　その2　プランにあたって

●時間に余裕をもって

早発ちして一日をたっぷり有効に使おう。出かける前に電車やバスの時間の確認を。「My Line 東京時刻表」（弘済出版社）は首都圏のJR線・私鉄各線・地下鉄線の時刻表が収録されていて役に立つ。乗り継ぎや帰りの便が少ない場合は、途中であわてないよう時間に余裕を。

コースタイムに見学時間、昼食、休憩時間などを加えてゆとりある計画を立てよう。冬は日が陰ると急に冷え込むので、早めに帰途につくようにしたい。

●切符は目的地まで買っておこう

出発の駅で乗り継ぎの切符が買える時は、目的地まで買っておこう。朝は駅が混雑するので精算機の前に長い列ができる。並んでいるうちに、乗り継ぎの電車に間に合わなかった経験があるので、それ以来、目的地まで買うようにしている。

●便利な切符・直通列車

2000年10月に導入された「パスネット」も便利。小田急・京王・西武鉄道・多摩都市モノレールなど首都圏の私鉄が1枚のカードで乗り継ぎできる。

主な駅の窓口や券売機で購入でき、カードの金額は1000円、3000円、5000円の3種類。利用は額面通りだが、同じカードで他社路線に乗り継ぐことができるので、移動がスムーズになる。

JR線とパスネットを導入していない鉄道への乗り継ぎはできないので、あらかじめ確認しておこう。

JR東日本では甲府・河口湖方面、奥多摩・秋川方面への直通電車、「ホリデー快速」を土曜・休日に運行している。新宿、八王子、大宮、横浜、川崎などの各駅を出発。乗り換えなしで目的地に直行できるので、効率良く回れる。季節運行なので、運転日等は窓口や時刻表で確認を。

一日乗り放題の自由切符「ホリデーパス」も便利。土曜・休日に関東周辺のフリー区間内なら何度でも乗り降りでき、乗車駅によっては往復の運賃よりおトクになる。フリー区間内の主な駅で発売。大人2040円、子どもも1020円。

秋の12コース

勝沼町

甲州街道沿いの史跡とワイナリーめぐり

勝沼ぶどう郷＆天空の湯

……ブドウ畑の遊歩道からぶどうの丘へ

9月〜10月

ブドウとワインの町・勝沼は、かつて宿場町として栄えた。勝沼ぶどう郷を眼下に望む雄大な景色を楽しみながら、ブドウ畑の中の遊歩道をたどり、旧甲州街道沿いに今も残る古刹や史跡を訪ね、町に点在するブドウ園やワイナリーをめぐるコース。最後は、眺望自慢のレストランや天然温泉もある勝沼町ぶどうの丘に立ち寄りゆっくりしたい。

◎モデルコース　1時間35分

●アクセス／JR中央本線勝沼ぶどう郷駅下車

勝沼ぶどう郷駅→（40分）大善寺→（10分）太郎吊橋→（20分）ぶどうの国文化館→（10分）メルシャン勝沼ワイナリー→（バス約15分）勝沼町ぶどうの丘・天空の湯

勝沼ぶどう郷駅を出ると、目の前に勝沼町ぶどうの丘が見える。駅前の道を右に進むとぶどうの丘へ、左に進めばぶどう郷遊歩道を経て国宝・大善寺に至る。駅前からひと乗り１００円の市内循環のミニバスが出ているが、まずはブドウ畑の中を歩いて展望を楽しみ、歩き疲れたら途中からバスを利用しよう。

駅前の道を左に向かいすぐ先の農協角を左折。「ぶどう郷遊歩道・大善寺」の標識に従って坂を上る。ブドウ畑の中の小道を進むと次第に眺望が開け、目の前に

▼勝沼町ぶどうの丘

＊レストラン営業／11時〜20時半（12月〜6月は20時まで）　＊バーベキュー・ガーデン営業／11時〜17時

＊問合せ☎０５５３（44）２１１１

パノラマが広がる。山の斜面も眼下の町も見渡す限りブドウ畑。その向こうには甲斐の山々が連なる。しばらくは、展望を楽しみつつ山の中腹を歩こう。

ワイナリーで試飲を楽しむ

車道に出たらその広い道を直進。前方に甲州街道と中央自動車道が見えだすと、左手の上り坂の入口に次の案内標識が出てくる。日川にかかる勝沼大橋を上から眺めながら道なりに下ると甲州街道に合流する。大善寺の入口はその先の道沿いにある。

勝沼ぶどう郷駅前からぶどうの丘を望む

大善寺は奈良時代、行基《ぎょうき》によって創建された由緒ある古刹。薬師堂は鎌倉時代の建造物で国宝に指定されている。堂内には国や県指定文化財の仏像なども多く、入口で拝観を申し込むとひと通り説明してくれる。

大善寺を出たら甲州街道を横切り向かいの北条ぶどう園脇の坂道を下る。すぐ右折して民家の前を通り過ぎると正面に「自然休養村遊歩道」の標識。矢印に従ってその先を左折すると太郎吊橋に出る。吊橋を渡

▼大善寺

奈良時代、養老二年（七一八年）行基により創建される。本尊は薬師如来。国宝の薬師堂は鎌倉時代の建築。薬師三尊をはじめ十二神将など国や県の重要文化財に指定されている仏像も多い。＊薬師堂拝観料／400円　＊問合せ／☎0553（44）0027

▼ぶどうの国文化館・資料館

甲州種ブドウとワインの生い立ちをロウ人形を使ってわかりやすく展示。隣接の資料館にはブドウとワインに関する書籍約七千冊を所蔵。＊開館／9時～17時　月曜休　＊入館料／大人300円、子供200円

▼メルシャン勝沼ワイナリー

国産ワイン発祥の地。10人以上の団体は要予約。試飲無料。＊工場見学／9時半～11時、13時～16時の随時　＊問合せ／☎0553（44）1011

って山沿いの道を進み、坂を下って勝沼バイパス下のトンネルをくぐり抜けると、ブドウ園やワイナリーが点在する勝沼の市街に出る。

直進して二つ目の信号、岩崎醸造前を右折するとまもなく、ぶどうの国文化館とワイン資料館前。見学したら先へ進み、ぶどう橋周辺に多いワイナリー（メルシャン勝沼ワイナリーなど）で工場見学や試飲（無料）を楽しもう。その後、近くのバス停から市内循環バスに乗り勝沼町ぶどうの丘へ。車窓からは古い蔵や宿場町名残りの本陣檜掛けの松などが見え、かつての勝沼宿がしのばれる。

ぶどうの丘のワインショップ

南アルプスを一望

勝沼町ぶどうの丘からは勝沼の市街や南アルプスが一望。展望自慢のレストランや、地下のワイン貯蔵庫で試飲（有料）しながら好みのワインが選べるワインカーヴも人気だ。最後に天然温泉天空の湯で、すばらしい眺望を楽しみつつゆったりと手足を伸ばそう。帰路は駅まで15分ほどの道のりだ。

●**ぶどうの丘温泉天空の湯**
山梨県東山梨郡勝沼町菱山5093
☎0553（44）2111
日帰り温泉施設（ドライヤー・シャンプー・ボディソープ）
＊泉質／アルカリ性単純温泉　＊効能／血液・リンパ循環の促進、自律神経の調整など　＊営業／10時〜22時　水曜休　＊料金／3時間大人600円、子供300円
●**WC**／勝沼ぶどう郷駅、ぶどうの国文化館、メルシャン勝沼ワイナリー、勝沼町ぶどうの丘
●**ランチスポット**／お弁当持参なら大善寺境内で。勝沼町ぶどうの丘レストランはランチセット（11時〜14時　2500円）など。
●**バス**／勝沼ぶどう郷駅前から一乗り100円の勝沼町内循環バスもある。グリーンのミニバスは、南回りと北回りがあり、1時間に1本、1日9便の運行。
●**問合せ**／勝沼ぶどう郷観光協会
☎0553（44）1111

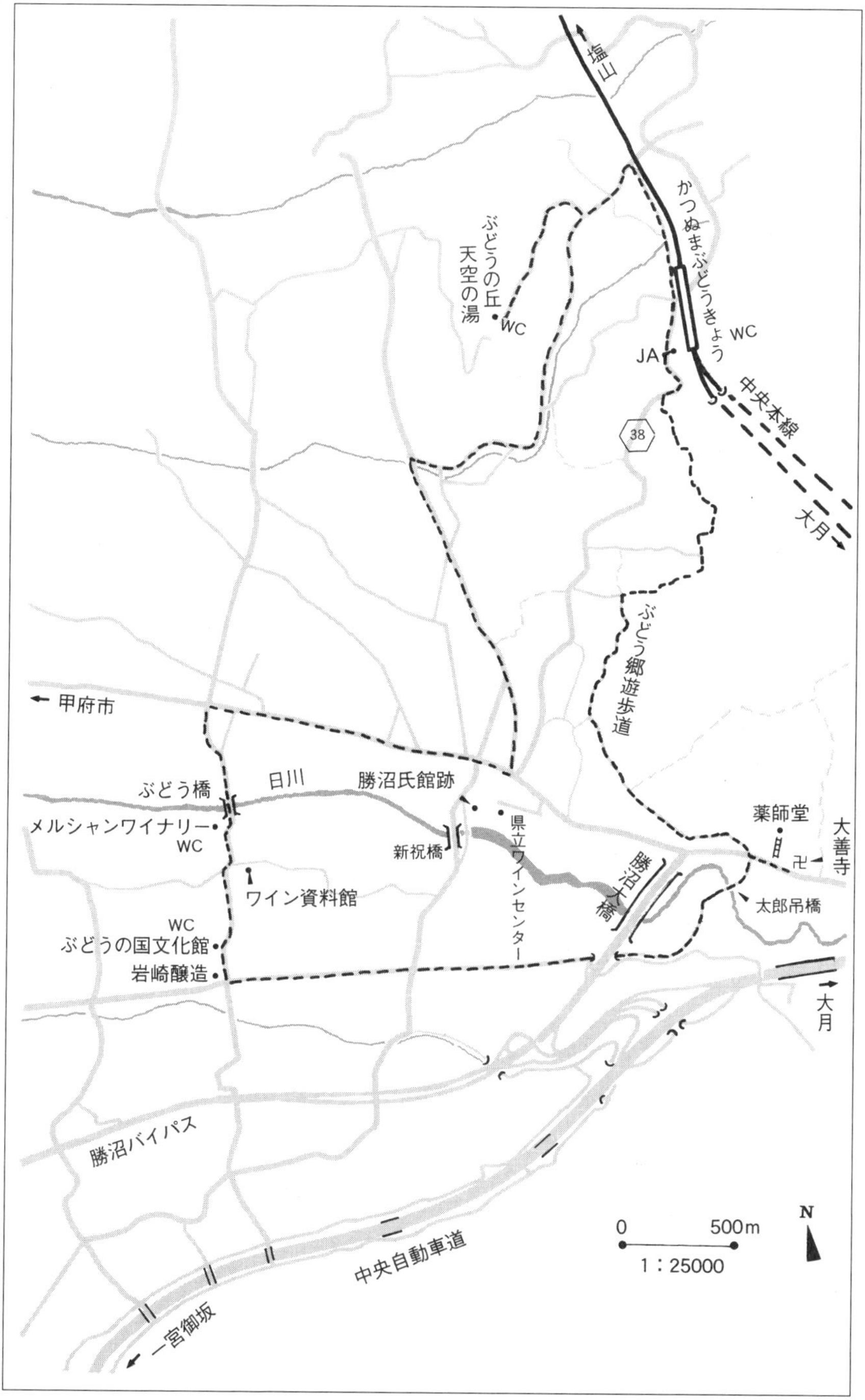
塩山
かつぬまぶどうきょう
WC
ぶどうの丘
天空の湯
WC
JA
中央本線
38
大月
ぶどう郷遊歩道
甲府市
ぶどう橋
日川
勝沼氏館跡
メルシャンワイナリー
WC
新祝橋
県立ワインセンター
勝沼大橋
薬師堂
大善寺
太郎吊橋
ワイン資料館
WC
ぶどうの国文化館
岩崎醸造
大月
勝沼バイパス
0
500m
N
1：25000
中央自動車道
一宮御坂

ヒガンバナ愛でつつそぞろ歩く

日向薬師＆七沢温泉

……日向薬師から関東ふれあいの道へ

9月中旬～10月初旬

日本三薬師に数えられる日向薬師は、源頼朝や北条政子も詣でたという古刹。宝物殿に立ち並ぶ仏像の多くは国の重要文化財に指定されている。ふもとの日向集落はヒガンバナの自生地で、秋の彼岸のころになるとのどかな里山が鮮やかな赤に染まる。帰路は、関東ふれあいの道をたどり七沢温泉に下り、美肌の湯として知られる名湯につかろう。

伊勢原駅の北口へ出て、駅前から「日向薬師《ひなたやくし》」行きバスに乗り終点下車。日向薬師周辺には食堂がないのでお弁当を買うなら駅周辺で。バスを降りると、目の前の田んぼの畦道や川土手一面に咲くマンジュシャゲの、真っ赤な花の色が目に飛び込んでくる。秋の彼岸のころになると決まって花を咲かせることから、別名ヒガンバナとも呼ばれるマンジュシャゲ。のどかな里山がその鮮やかな赤に彩られるのは、9月中旬のほんの半月たらずだ。

◎モデルコース　1時間13分

●アクセス／小田急線伊勢原駅下車。神奈川中央交通バス「日向薬師」行きで終点下車

伊勢原駅→（バス約25分）彼岸花の里・日向集落→（1分）日向薬師入口→（10分）日向薬師本堂・宝物殿→（2分）薬師林道・関東ふれあいの道→（30分）七沢温泉入口→（5分）七沢荘

ヒガンバナの花を愛でつつそぞろ歩けば、丹沢の山々の緑を背景に、黄金色に色づいた稲穂と赤いヒガンバナのコントラストが映えて美しい。周辺の農家の門前や道端の無人販売所では、とれたて野菜や手作りの漬物などを売っている。

宝物殿の仏像に会う

バス停を少し戻り日向薬師への参道をたどる。日向薬師は日本三薬師の一つに数えられる古刹で、眼病に霊験があるとされる。杉の古木に覆われた参道は静寂につつまれ、苔むしてすり減った石段にも歴史が感じられる。

運久作の金剛力士像が立つ仁王門をくぐりその先の階段を登りきると、正面にどっしりとした茅葺き屋根の本堂、そして右手に鐘楼、左に宝物殿が現れる。

茅葺き屋根の本堂は、鎌倉時代の建造物で、国指定の重要文化財。朱塗りの柱と黒い板壁に日向薬師の赤い幟《のぼり》が映え、山寺らしい風情が漂う。鐘楼横の二本杉は、幡《はた》かけの杉と呼ばれ樹齢推定八百年。県の天然

日向集落のヒガンバナ

▼日向薬師（宝城坊）

日本三薬師の一つ。霊亀二年（七一六年）、僧行基により開創された古刹。本尊の薬師如来をはじめ月光・日光菩薩、十二神将など国の重要文化財指定の仏像を数多く収蔵する。本堂受付で拝観希望を申し込むと本堂隣にある宝物殿で仏像の説明をしてくれる。＊拝観／10時〜16時半　＊拝観料／大人300円、中・高生200円、小学生100円

記念物にも指定されている。

宝物殿の扉は閉じられているが、本堂の受付で拝観を申し込むと、扉を開けてひと通り説明してくれる。堂内には日光・月光菩薩や十二神将など国の重要文化財も多く、わざわざ仏像を見に訪れる人もいるほどだ。この機会にぜひ拝観しよう。

宝物殿の左奥に進むとベンチやトイレのある休憩所。その横を抜けると日向林道に出る。この道は関東ふれあいの道になっていて、右へ進めば七沢を経て巡礼峠、左へたどれば日向渓谷に沿って大山に至る。

全国名湯百選・美肌の湯

日向林道を七沢方面に下ると、桜並木の緩やかなカーブの道。山の急斜面に切り開かれた林道はたまに車が通るくらいで、ここを歩く人の姿は少ない。ところどころ展望が開け、厚木方面が見える。道は途中からどんどん下り、30分ほどで七沢温泉に着く。

この周辺に数軒、日帰り入浴できる温泉旅館がある。その先を道なりに下るとやがて七沢荘の看板が見えてくる。七沢温泉は美肌の湯として知られるが、七沢荘は全国名湯百選・美肌の湯ベスト9にも選ばれている。帰路は七沢城址、または広沢寺温泉入口バス停からバスに乗り本厚木駅に出る。

日向薬師仁王門の金剛力士像

●七沢温泉七沢荘
神奈川県厚木市七沢1826
☎0462(48)0236
温泉旅館（ドライヤー・シャンプー・せっけん）
＊泉質／アルカリ性単純温泉　＊効能／神経痛、皮膚病、リウマチ、胃腸病など　＊営業／8時～21時　＊料金／大人1000円　＊設備／露天風呂、波動風呂、内湯

●WC／伊勢原駅、日向薬師バス停、日向薬師

●ランチスポット／お弁当は日向薬師本堂裏の休憩所で。

●ヒガンバナ(マンジュシャゲ)の見ごろ／9月中旬～下旬

●問合せ／伊勢原市観光課☎0463(94)4711

箱根町

高原の輝くススキの中を

箱根仙石原&仙石原温泉

……湖尻から箱根湿生花園へ

9月中旬～11月初旬

芦ノ湖の湖尻を起点に湖尻・仙石原自然探勝歩道を歩いて箱根湿生花園に至るコース。なだらかでアップダウンが少ない割には眺望がよく、野の花や野鳥も多い。陽射しを受けて輝く仙石原高原のススキや、紅葉しはじめた箱根の山々を眺めつつ歩いた後は、庭園を望む仙石原温泉南甫園の露天風呂で、ゆったり余韻を楽しもう。

「桃源台」でバスを降りたら、箱根観光船バイキング号の発着所の乗船券売場や売店のある建物内を通り抜け、芦ノ湖畔に出て右へ進む。ロッジが点在する芦ノ湖キャンプ場を抜け、木立の中を進むと湖尻水門に出る。水門橋を渡った先の広場からの芦ノ湖の眺めがいい。

早川に沿って芦ノ湖スカイラインを横切り、ゴルフ場クラブハウス前を直進する。道の両側はゴルフ場。杉林の樹間からゴルフコースが見える。道端には野草

◎モデルコース　2時間31分

●アクセス／JR東海道線小田原駅または箱根登山鉄道箱根湯本駅からバス「仙石経由桃源台」行きで「桃源台」下車。

桃源台バス停→(20分)湖尻水門→(40分)耕牧舎碑・長尾峠分岐→(60分)仙石原→(15分)箱根湿生花園→(15分)星の王子さまミュージアム→(1分)南甫園

が多く、ツリガネニンジンやリンドウなどの可憐な花が目を楽しませてくれる。

約千七百種の湿生植物

箱根湿原分岐を右へ進むと、明治時代の牧場跡・耕牧舎跡の碑が立つ長尾峠分岐。コースのほぼ中間地点だ。その先の仙石原自然探勝歩道をたどり、ヒノキ林の横を抜けると、大涌谷《おおわくだに》の噴煙や台ヶ岳が正面に見える展望台に至る。道は時々サイクリングコースと交差するが、この先から分かれる。

箱根仙石原湿原

少し先の一軒家の角を右へ折れ、竹林の中の石畳の道を下ると早川沿いの道に出る。川べりにベンチが置かれたあたりでひと休みしていこう。そのそばの案内板角を奥に入ると小さな池。この周囲に点在する池の水温はあたたかいため温湯《ぬくゆ》と呼ばれ、野鳥の水場になっている。

早川にかかる小さな橋を渡り、枯葉が散り敷く山道を上って、仙石原浄水センター横を過ぎると別荘地に出る。箱根湿生花園への道標に従い、突き当りを左折すると稲

▼箱根湿生花園
＊開園／9時～17時　開設期間３／20～11／30　＊料金／大人７００円、小人４００円　＊問合せ／☎０４６０（４）７２９３

▼心象派の館
海と富士を描き続けた画家・矢能伶氏の作品を展示する私設美術館。＊開館／9時～17時　無休　＊入館料／８００円

▼星の王子さまミュージアム
＊開館／9時～17時（レストランは10時～19時半まで）　無休　＊料金／大人１５００円、大・高生１１００円、中学生以下７００円　＊問合せ／☎０４６０（６）３７００

荷前バス停。その先へ進むとまもなく湿生花園前に出る。

湿原や湖沼などに生育する植物を集めた箱根湿生花園には、約千七百種の植物が折々に花を咲かせる。秋は仙石原高原や台ヶ岳のススキも眺められる。

湿生花園を出たら右に進み、大きな池がある庭園手前を右折し、美術館・心象派の館の案内標識に従い路地を進む。周辺には箱根甲子園やはたご一の湯など、日帰り入浴もできる旅館が数軒ある。

『星の王子さま』の世界

心象派の館前を直進し、バス通りに出たら右折。桃源台方面へ進むと星の王子さまミュージアム前に出る。ここは『星の王子さま』の著者、サン・テグジュペリの時代のフランスの城や教会などが再現され、『星の王子さま』の物語の世界に浸ることができる。仙石原温泉南甫園はその先右手にある。日本庭園と池を望む露天風呂は、こぢんまりしているが風情がある。

仙石原温泉南甫園

●仙石原温泉南甫園
神奈川県足柄下郡箱根町仙石原934
☎0460（4）8591
日帰り温泉施設（ドライヤー・シャンプー・ボディソープ）
＊泉質／単純泉、硫黄泉　＊効能／神経痛、関節痛、皮膚病、肩こりなど　＊営業／10時～19時　水曜休（祝日は翌日休）　＊料金／大人1000円　＊設備／内風呂、露天風呂、食堂、喫茶室

●WC／小田原駅、箱根湯本駅、桃源台観光船発着所、箱根湿生花園

●ランチスポット／お弁当を広げるなら湖尻水門前の広場、または仙石原自然探勝歩道の川沿いのベンチで。箱根湿生花園の周囲には食堂も多い。

●バス／JR御殿場駅から桃源台行バス、新宿から御殿場経由箱根桃源台行の高速バス便もある。

●問合せ／箱根町観光協会☎0460（5）5700

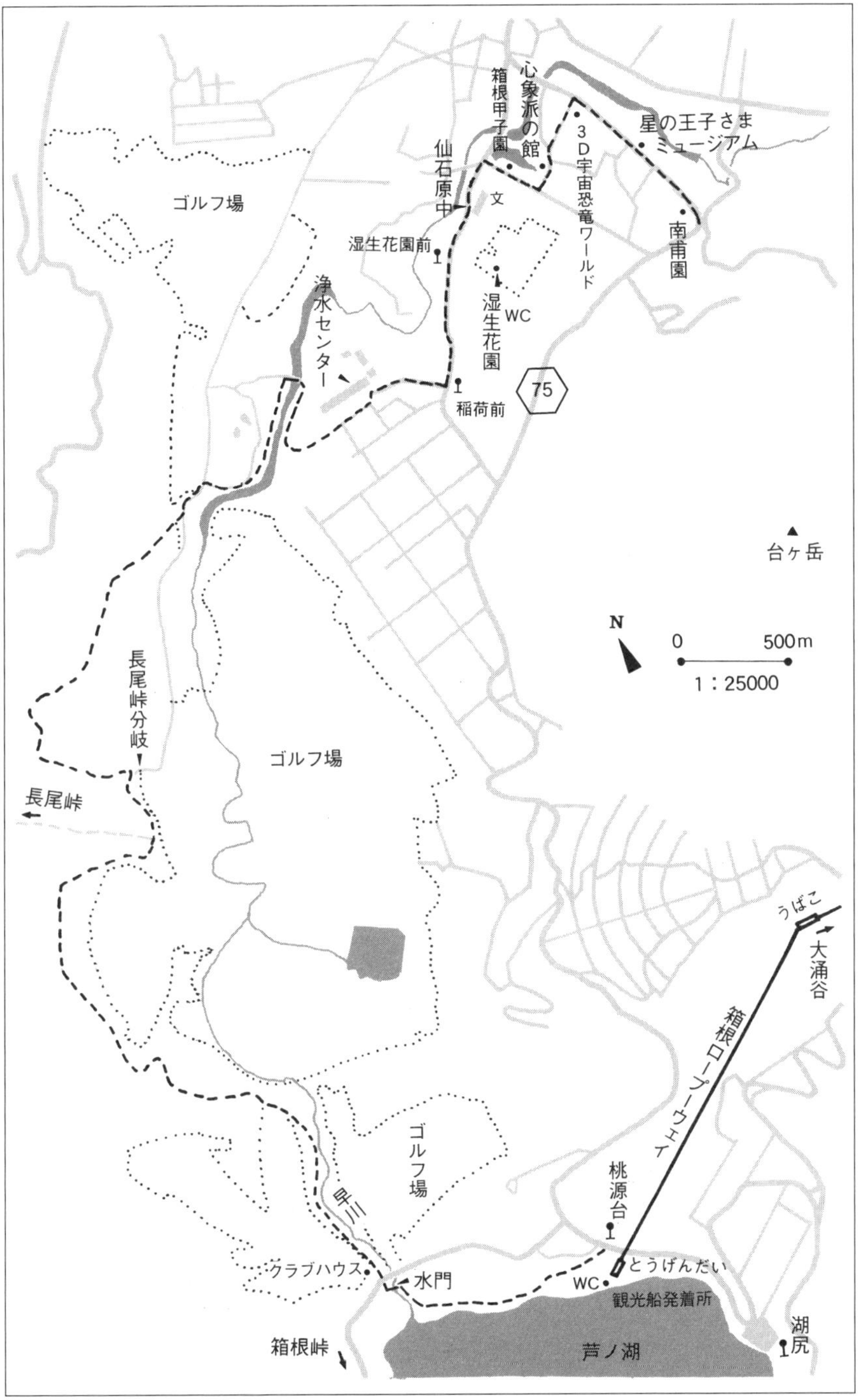
心象派の館
箱根甲子園
仙石原中
3D宇宙恐竜ワールド
星の王子さまミュージアム
南甫園
文
ゴルフ場
湿生花園前
湿生花園
WC
浄水センター
75
稲荷前
台ヶ岳
N
0
500m
1：25000
長尾峠分岐
長尾峠
ゴルフ場
うばこ
大涌谷
箱根ロープーウェイ
ゴルフ場
早川
桃源台
とうげんだい
WC
観光船発着所
クラブハウス
水門
箱根峠
芦ノ湖
湖尻

揺れる百万本のコスモス
森林公園＆四季の湯温泉
……………森林公園から円光寺へ

9月下旬～10月下旬

埼玉の中央部、比企丘陵に広がる森林公園は総面積約３０４ha、東西約１km、南北約４kmに及ぶ広大な自然公園。四季折々の花が咲き、一年中散策が楽しめる。中でも百万本のコスモスが咲く秋はおすすめ。森林公園を散策したあとは、豊かな田園風景の道を歩いて四季の湯温泉まで足を延ばそう。

「森林公園南口」でバスを降りると公園の入口はすぐ。ゲートで園内のガイドマップをもらい、季節の見どころをチェックしてコースを組み立てるといい。コスモスをメインに「みんなの花畑」から回る。花木園と雅の広場の間の道へ。木々が少しずつ色づき始め、ススキも見られる。雑木林の道に出るとマツの実が今にも落ちてきそうだ。コースは適度にアップダウンがあり、いい運動になる。

芝生の広がる運動広場の先が花畑。白、ピンク、赤紫色のコスモスが一面に咲

◎モデルコース　2時間35分

●アクセス／東武東上線森林公園駅からバス「森林公園南口」行きで終点下車

森林公園南口→（20分）みんなの花畑→（15分）中央レストラン→（10分）渓流広場→（5分）渓流広場上バス停→（園内バス10分）南口バス停→（5分）森林公園南口→（45分）円光寺→（25分）下沼→（20分）四季の湯温泉

き、ここだけスポットライトを浴びたように、鮮やかな色に包まれている。花の間の小道を歩くとまるで、絵の中にでもいるようだ。キバナコスモスの揺れる一画もみごと。

水鳥たちの声が賑やか

花畑からもう一つのコスモスのスポット、渓流広場を目指す。途中、中央レストランのあたりにはうす紫色の秋咲クロッカスが咲く。コスモスより時期が後だが、うまく重なると可憐な花にも出会える。記念広場を経て山田大沼の脇を通ると水鳥たちの声が賑やかだ。渓流広場の横がサイクリングコースで、道沿いにコスモスが咲いている。

時間を有効に使うため、ここから公園南口まで園内バスを利用。バスは1時間に2本なので、広場に着いたら先に渓流広場上バス停で時間をチェックしておこう。園内バスはゆっくり走りながら公園の案内もしてくれる。森、広場、沼地を眺めながら南

森林公園内みんなの花畑のコスモス

▼国営武蔵丘陵森林公園
園内には散策路とは別にサイクリングコースが設けられている。
＊開園／9時半〜17時（季節によって異なる）　＊入園料／大人（15歳以上）400円、子ども80円　＊園内バス／大人120円、子ども60円
＊問合せ／管理センター☎0493（57）2111

口に到着。公園を後に、四季《とき》の湯温泉を目指す。

南口の駐車場を出て、緑道と東松山道路の下をくぐる。橋を渡り、道なりに行くと車の往来の多い通りに出る。新庭橋の手前で滑川《なめがわ》沿いの道へ。じゃり道が続いて豊かな田園風景が広がる。車はほとんど通らないので安心だ。土手でススキが揺れ、草のにおいがする。先へ歩くにつれ、滑川の水もだんだんきれいになっていく。

15mの滝のある露天風呂

ダンボール工場の前で滑川を離れ、円光寺に立ち寄る。伊古集会所の角を入ると一二五七年開山の古寺があり、木彫りの金剛像と力士像が迎えてくれる。隣が

円光寺

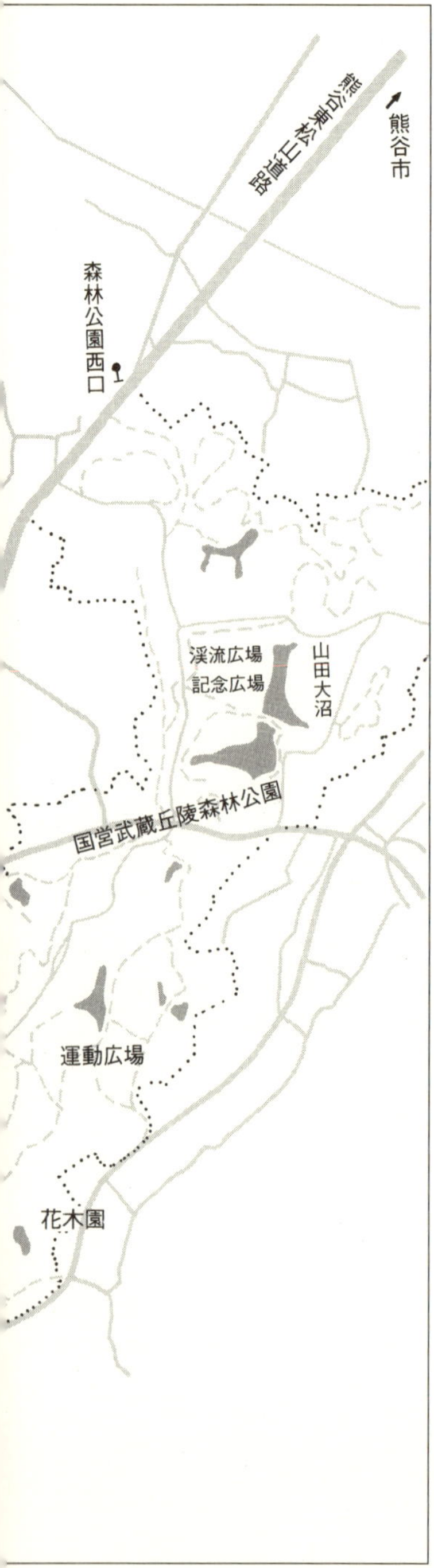

高根山
ホテルヘリテイジ
四季の湯温泉
カーブミラー
下沼
中沼
カーブミラー
二ノ宮山
円光寺
伊古神社
道標
伊古集会所
滑川
太閤橋
大木橋
文
滑川中
管理事務所
滑川役場前
滑川町役場
新庭橋
森林公園南口
関越自動車道
馬頭観音
嵐山町
N
0
500m
1：25000

伊古神社。アカシデなどの林に囲まれている。道標に従って歩くと前方に二ノ宮山の展望台が見えてくる。余力があれば上ってみるといいだろう。

田尻橋を渡って再び滑川沿いを歩く。右に水門が見えたら次の分かれ道を右へ。鋪装道を横断して向かいの道を行く。このあたりものどかないい道だ。下沼を過ぎてカーブミラーを右へ。水路沿いをいくとホテルへリテイジの建物が見えてくる。山に突き当たる手前で県道に出てホテルへの坂道を上る。四季《とき》の湯温泉はリゾートホテルの施設ながら、和風の落ち着いた建物。温泉はジェットバス付の檜風呂と石造りの露天風呂がある。浴室のドアを開けると外の空気が心地よい。お湯は淡黄色で、塩味がする。水着で入る混浴露天風呂には高さ15mの観音滝や9mの打たせ湯があり自然の景色を楽しみながら入浴できる。

帰りはホテルの前から熊谷駅、森林公園駅までバスがある。

歩く時間をショートカットして温泉でゆっくりしたい方は、新庭橋の先の滑川役場前バス停から「熊谷駅」行きのバスに乗り「四季の湯温泉」で降りるといい。

四季の湯温泉

●四季《とき》の湯温泉
埼玉県大里郡江南町小江川1176
☎048（536）1212
リゾートホテル（ドライヤー・シャンプー・ボディソープ・タオル）
＊泉質／ナトリウム－塩化物温泉（高張性・弱アルカリ性温泉）　＊効能／疲労回復、慢性皮膚病、アトピーなど　＊営業／10時～22時　＊料金（税別）／大人2000円、子ども（3歳～12歳）800円

●WC／森林公園駅、森林公園

●ランチスポット／森林公園には芝生の広場やベンチが随所にある。展望レストラン、中央レストランにはそば、カレーなどの軽食があり、渓流広場には売店もある。

●コスモスの見ごろ／9月下旬～10月下旬

●バス／四季の湯温泉を経由するバスは1時間に1本程度なのであらかじめ時間を調べておいた方がいい。

●問合せ／滑川町観光協会☎0493（56）2211、江南町観光協会☎048（536）1521

雑木林の秋を浴びる
絹の道&福福の湯
……………片倉城跡公園から絹の道資料館へ

10月下旬~11月下旬

八王子に幕末から明治期にかけて生糸商人が往来した「絹の道」がある。当時の道が今も一部に残され、秋色の雑木林の風情がいい。京王片倉駅から絹の道を経て絹の道資料館へ。生糸の仲買いで活躍した鑓水商人の歴史にもふれるコース。散策の後は八王子温泉福福の湯まで足を延ばし、べっこう色のお湯で温まっていこう。

◎モデルコース　1時間45分

●アクセス／京王線京王片倉駅またはJR横浜線片倉駅で下車

JR片倉駅・京王片倉駅→(5分)片倉城跡公園→(10分)慈眼寺→(30分)大塚山公園→(15分)絹の道資料館→(10分)小泉家屋敷→(5分)永泉寺→(30分)福福の湯

京王片倉駅を出て国道16号を右へ行くと、すぐ片倉城跡公園。彫刻あり、湿地ありの自然公園で、雑木林の紅葉が美しい。園内を散策して国道に戻り片倉駅入口の信号を渡る。JR片倉駅で横浜線の高架をくぐって慈眼寺へ。橋を渡って分かれ道を左へ行くと慈眼寺入口の道標がある。どっしり構えた山門は風情があり、周囲は畑で静かな所だ。

分かれ道まで戻って日本文化大学を目指して坂道を上る。広い通りだが閑静な

▼**片倉城跡公園**
東京都史跡。片倉城は室町時代の築城といわれるが、詳しいことはわかっていない。総面積約5万3000平方m。湧水、池、雑木林があり四季折々の草花が咲く。

住宅地で車もさほど多くない。大学に突き当たったら左へ。トゲナシニセアカシアの並木が黄色く色づき、キャンパスの紅葉が目を楽しませてくれる。八王子バイパスの上を過ぎ、坂下バス停の先で広い通りを右へ曲がる。

都内にもこんなのどかな所が

北野台三丁目バス停のちょっと先に階段があるので上っていくと、土の道が続いて大塚山公園に出る。雑木林に囲まれた公園はひっそりとしている。絹の道の石碑を背に公園の石段前の道を行く。土と石の道が続き、落葉を踏みしめながら下っていく。大きな石がボコボコして歩きにくい所もあるが、こんな昔ながらの道を歩ける場所も珍しい。ススキが揺れて秋のいい風景だ。

片倉城跡公園

高尾山口
京王高尾線
けいおうかたくら
WC
横浜線
16
きたの
片倉城跡公園
WC
かたくらWC
野菜の無人販売
慈眼寺
文
日本文化大
はちおうじみなみの
文
片倉台小
16
北野台中央公園
交番
坂上
大塚山公園
道了堂
北野台三丁目
絹の道
N
0
500m
1：25000
庚申塔
八王子道道標
八王子バイパス
永泉寺
由木西小入口
野菜即売
大栗
WC
絹の道資料館
小泉家屋敷
柚木街道

途中から鋪装道になり、幅の広い道に合流する。そのまま左へ行くと石垣と立派な門構えの絹の道資料館がある。入母屋造りの資料館に入ると天井が高く、梁《はり》の見える造り。館内にはかつて養蚕で栄えた八王子鑓《やり》水《みず》地区の足跡が展示されている。

資料館前の道を下りていく。小高い山が見えると、都内にもこんなのどかな所があるのかと驚く。八王子道道標を左へ。嫁入橋を渡り、谷戸入口の交差点で柚《ゆ》木《ぎ》街道を横断してまっすぐ行くと茅葺き屋根の民家、小泉家屋敷がある。中には入れないので建物を見学するだけだが、ここだけ別世界のようないい景観だ。

絹の道

恵比須様、大黒様の鎮座する大浴場

道を戻り永泉寺へ向かう。交差点を渡り、柚木街道を右へ。すぐ左へ曲がる道があるので入っていくと永泉寺。庭がよく手入れされ、大きなイチョウとカキの実が季節を感じさせる。境内には鑓水商人大塚家の墓などがある。

▼大塚山公園
東京浅草の花川戸から勧進された道了堂の跡地に作られた公園。道了堂は生糸商人として活躍した鑓水の豪商たちによって建立され、多くの人々の信仰を集めたといわれる。

▼絹の道
八王子市指定史跡。八王子市八日町から片倉鑓水峠の道了堂を経て横浜方面へ向かう道で、主として輸出用の生糸を運ぶ交通路として栄えた。

▼絹の道資料館
＊開館／9時〜16時半　月曜休（祝日は翌日休）

八王子温泉福福の湯

柚木街道に戻って福福の湯を目指す。由木西小入口の信号を左に入ると住宅地の静かな道になる。交番の前に田畑があり景観を楽しんでいるうちに街道に合流。車の多い大通りを避けて〆切《しめきり》橋を渡り、大栗川の対岸へ。街道の色づくケヤキ並木を眺めながら歩こう。途中の上柚木公園は高台で見晴らしがいいので、休憩に立ち寄るといいだろう。大田平橋で柚木街道に戻ると道路沿いに温泉マークが見えてくる。

八王子温泉福福の湯には恵比須様、大黒様の鎮座する大浴場と露天風呂がある。茶色をベースにした落ち着いた浴室は、べっこう色のお湯とマッチしている。中温の湯で温まり、高温の湯につかると最初は熱く感じるが、体の芯まで温まる。浴衣に着替えて露天風呂に向かうとこちらは日本庭園風。石造りのお風呂の周りに植木が配置され目にも肌にも心地がいい。お湯は露天の方がいくぶん濃い色をしている。

帰りは温泉前の栗本橋バス停から八王子駅、北野駅、聖蹟桜ヶ丘駅方面へ、通りの向かい側から橋本駅、南大沢駅へバス便がある。

●八王子温泉福福の湯
東京都八王子市下柚木2-2-14
☎0426（77）8787
日帰り温泉（ドライヤー・シャンプー・ボディソープ・タオル）
＊泉質／ナトリウム-塩化物・炭酸水素塩泉　＊効能／神経痛、関節痛、慢性皮膚病、慢性婦人病、筋肉痛など　＊営業／10時～24時　無休
＊料金（税別）／大人（中学生以上）1000円、子ども500円

●WC／JR横浜線片倉駅、京王片倉駅、片倉城址公園、絹の道資料館、上柚木公園

●ランチスポット／お弁当なら片倉城址公園、絹の道資料館のあずまやで。JR片倉駅付近にコンビニなどがあるが、コース中は食べるところがあまりないのでお弁当を持っていくといい。

●問合せ／八王子市経済部商工観光課☎0426（26）3111

世田谷区

世田谷の住宅街でリラックス

砧公園＆山河の湯

……六郷用水沿いに二子玉川へ

10月～11月

広大な砧公園の一画にある世田谷美術館で芸術にふれ、芝生と林が美しい砧公園ファミリーパークから、のどかな六郷用水沿いに岡本民家園や静嘉堂文庫をたどる散策コース。最後は、かつての水戸徳川家の屋敷跡に湧いたという天然温泉山河の湯につかり、林の中の癒しの湯や市街地を見下ろす欧風庭園風呂でリラックスしよう。

東急田園都市線用賀駅北口を出たら、世田谷ビジネススクエアに沿って左へ進み、用賀プロムナードをたどって世田谷美術館まで歩く。せせらぎの道や瓦を敷き詰めた道を進んで、環八通りに出ると目の前が砧《きぬた》公園だ。

公園入口を入り右手の煙突を目指して林の中を進むと、やがてモダンな美術館の建物が現れる。周囲にはみごとなクヌギやヒマラヤ杉の名木が立ち、前庭や中庭に置かれた彫刻と調和して落ち着いた雰囲気だ。美術館でゆっくり作品を鑑賞

◎モデルコース　1時間45分

●アクセス／東急田園都市線用賀駅下車

用賀駅→（20分）砧公園→（5分）世田谷美術館→（30分）岡本民家園→（5分）静嘉堂文庫→（35分）世田谷信用金庫→（送迎バス10分）瀬田温泉山河の湯

した後は、渡り廊下でつながるレストランで早めのランチにしてもいい。

キャベツやネギの畑が点在

美術館を出たら右へ進み、砧ファミリーパークの広い芝生を突っ切り西門出口に向かう。木立が美しい。林の中でしきりに鳥の声がする。西門を出て左へ進み、東名高速の上にかかる公園橋を渡り直進。

砧公園

岡本三丁目信号を右折すると、キャベツやネギの畑が点在するのどかな風景に変わる。十字路を直進し急坂を下って左へ進むと、六郷用水沿いの道に出る。六郷用水は国分寺崖線《がいせん》に沿って大田区まで流れている農業用水で、用水沿いには岡本公園民家園や静嘉堂《せいかどう》文庫などがあるので立ち寄っていこう。

岡本公園民家園には区内から移築された茅葺きの古民家が展示され、園内にはホタル園もある。民家園をひとまわりし八幡橋から左へ折れ、八幡神社への階段を上ると静嘉堂の裏門前に出る。

▼世田谷美術館
世田谷区にゆかりある芸術家の作品やアンリ・ルソーら素朴派と呼ばれる作家の作品、北大路魯山人の器のコレクションなど約四千点を収蔵している。随時開催される企画展も好評。　＊営業／10時～18時　月曜休（祝日は翌日休）　＊入館料／200円（常設展）　＊問合せ／☎03（3415）6011

▼岡本公園民家園
入園無料。　＊営業／9時半～16時半　月曜休　＊問合せ／☎03（3709）6959

ヨーロッパ風庭園風呂

静嘉堂文庫は、和漢の古典籍や東洋古美術品の収集で知られるが、岩崎家別邸として建てられた大正時代の洋館と、それを取り巻く庭園も美しい。裏門を入り洋館の前を過ぎ、庭園を散策しながら道を下ると正門出入口に出る。

門を出て右へ下ると再び六郷用水に出会う。下山橋を直進すると、左側歩道の絵タイルに二子玉川駅方面とある。その矢印に従いブロックを敷いた歩道に沿って歩く。

二子玉川団地前を過ぎ、駅前の高島屋デパート横をそのまま直進し、国道246号線の高架下をくぐると玉川通り。その角の世田谷信用金庫前から、山河の湯の送迎バスが出ている。

瀬田温泉山河の湯は、広い敷地内に木立の中のヒーリングプールや、噴水や彫刻を配したヨーロッパ風庭園風呂もある（水着着用）。館内には食事処や休憩所などもあるのでのんびりリラックスしよう。

静嘉堂文庫

▼静嘉堂文庫
旧三菱財閥の岩崎弥之助、小弥太が二代に渡り収集した和漢の古典籍や東洋古美術品など、約二十万冊を収蔵・展示している。庭園は見学自由。
＊開館／10時～16時半　月曜休
＊美術館入館料／８００円　＊問合せ／☎０３（３７００）０００７

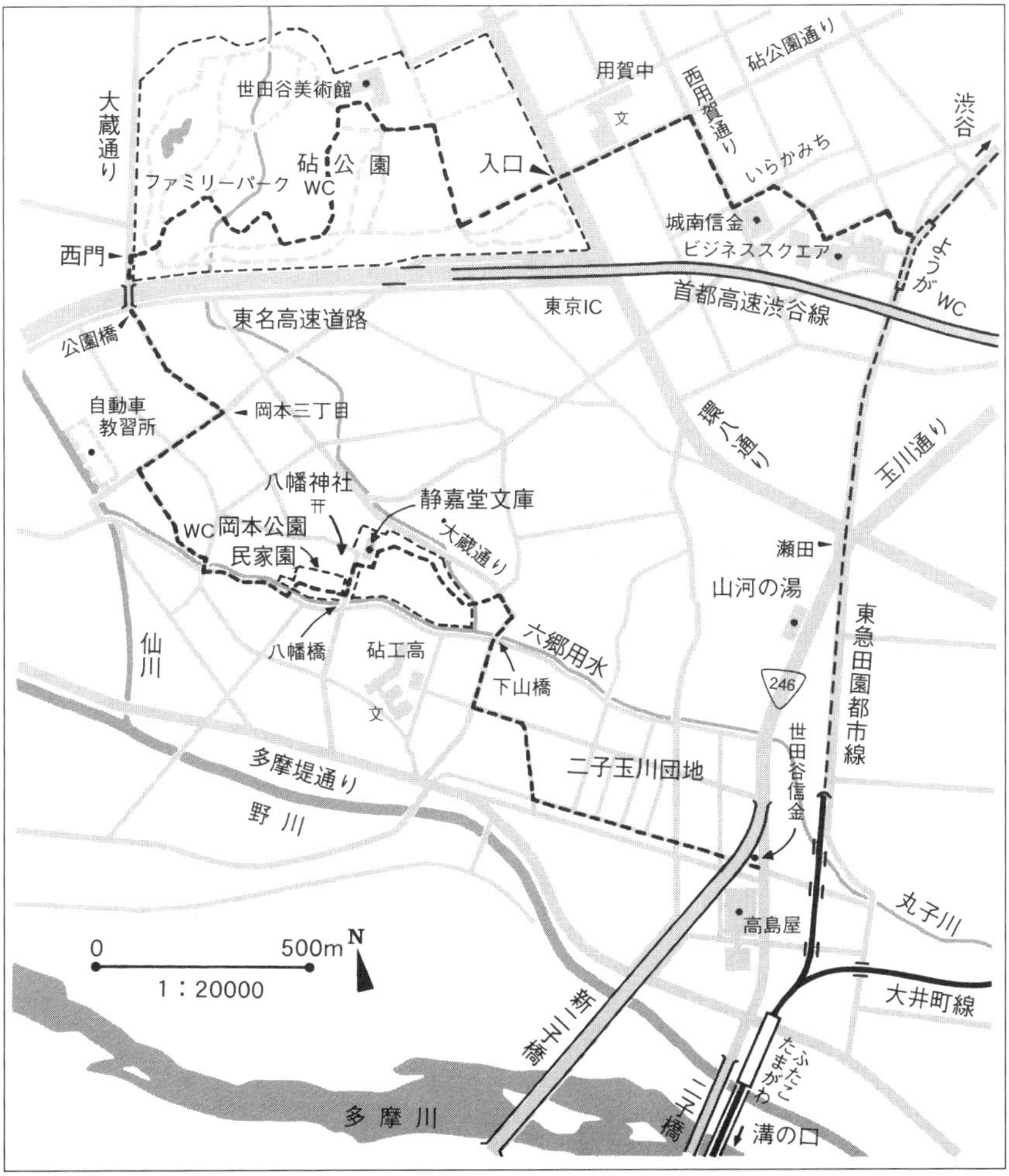

●**瀬田温泉山河の湯**
東京都世田谷区瀬田4-15-30
☎03（3707）8228
日帰り温泉施設（ドライヤー・シャンプー・ボディソープ・タオル）
＊泉質／ナトリウム・塩化物泉
＊効能／切傷、火傷、慢性皮膚病、慢性婦人病など　＊営業／10時～23時　6月第2月曜より3日間休み予定　＊料金／大人2300円、小人（小学生以下）1200円　平日割引（10時～13時までに受付）大人1700円　バスタオル、浴衣付き　水着レンタル料500円

●**WC**／用賀駅、砧公園、岡本公園民家園

●**ランチスポット**／お弁当持参なら砧公園のファミリーパークか岡本公園民家園で。世田谷美術館内のレストラン「ル・ジャルダン」、山河の湯の食事処「山海亭」なども。

●**問合せ**／世田谷区広報課☎03（5432）1111

藤野町

野の芸術をめぐる
藤野園芸ランド&薬師の湯
……相模川から秋山川へ

10月～11月

神奈川県の最北端に位置し相模湖を東にひかえた藤野町は、豊かな自然に恵まれている。その自然を背景に点在する、野外彫刻作品を鑑賞しながら歩くウオーキングコース。道沿いの園芸ランドでは秋の味覚のクリやイモ、キノコなどの収穫を楽しむこともできる。最後のしめくくりは、美術館も併設するユニークな温泉、五感の里薬師の湯で。

藤野駅を出ると右手向かいに五感の里薬師の湯の送迎バス乗り場があり、その先を左に折れると甲州街道に出る。横断歩道を渡り「藤野園芸ランド・芸術の道」の看板に従い右へ坂道を下って、相模川にかかる弁天橋を渡る。橋の手前に翼を広げた雁の彫刻は、藤野芸術の道の展示作品の一つだ。

藤野駅や園芸ランド周辺には、こうした野外芸術作品が三十点余りも点在し、芸術の道と名付けられている。都心から近く豊かな自然が残る藤野町には、太平

▼**藤野芸術の道**
豊かな自然を背景に、藤野町にゆかり深い芸術家の作品三十点余りが展示されている。園芸ランド内を一周する散策コース。

◎モデルコース　2時間

●アクセス／JR中央本線藤野駅下車

藤野駅→（5分）弁天橋→（15分）園芸ランド案内所・野趣味覚センター→（30分）名倉峠→（20分）葛原神社→（20分）前戸沢橋→（20分）名倉入口バス停→（送迎バス約10分）五感の里薬師の湯

洋戦争の末期頃、藤田嗣治をはじめ多くの芸術家が疎開して活動し、現在も藤野町には画家、彫刻家、音楽家などが多いという。

イモ掘り、クリ拾い、キノコ採り

橋を渡った先を右へ進めば名倉、葛原《とずらはら》方面。左へ進めば園芸ランド案内所も兼ねる野趣味覚センターに至る。芸術の道沿いの集落では、イモ掘りやクリ拾い、キノコ採りなどができ、森林浴ができる遊歩道もあるので、最初に園芸ランド案内所に寄ってマップをもらい、周辺の情報を仕入れてから歩き出そう。

藤野芸術の道に展示されている彫刻「射影子午線」

芸術の道に沿って作品を鑑賞しながら歩くには、野趣味覚センターを出て左に進む。まもなく右手に緑の水をたたえた相模湖。その向こうに中央自動車道が見え、道端には円柱と立方体で構成された幾何学的な作品が現れる。その先を直進し名倉峠・葛原方面の案内板を左折して、カーブの多い上り坂を進む。名倉峠を越え名倉小学校を過ぎるとまもなく葛原神社前。ここには休憩

▼藤野園芸ランド

周辺に点在する加盟農家の畑でイモ掘りやクリ拾い、キノコ狩りなどが楽しめる。小規模なところが多いので、収穫適期などは事前に問合せた方がよい。　＊問合せ／野趣味覚センター☎０４２６（87）３７４９

▼参考／実際に芸術体験するなら、東野・月夜野・奥牧野行きバスで「芸術の家」下車。

▼神奈川県立藤野芸術の家

工房や音楽スタジオ、多目的ホールなどを備えた芸術棟と、宿泊棟、野外スペースを備えた施設。工房では木工や陶芸、ガラス工芸などさまざまな作品作りが体験できる。東野・月夜野・奥牧野行きバスで芸術の家下車。　＊1階工房受付時間／9時〜12時　13時〜15時　火曜休（祝日は翌日休）　＊問合せ／☎０４２６（89）３０３０

所やトイレもあるのでひと息入れよう。お弁当を広げるならここがよい。この周辺にも作品があるのでひとまわりしよう。

美術館併設の温泉

葛原神社前を道なりに進むと天神峠に向かうが、手前を左折して桂林寺、前戸沢橋を経由し芝田に向かう。

この道沿いにも作品が数点ある。芝田集落分岐を右に下ると、突き当たりが藤野フラワーガーデン。ここではランや鉢花、ハーブなどさまざまな花や苗が温室栽培されていて、買うこともできる。

元の道に戻り三叉路を右へ下って、秋山川を見下ろしつつ車道を行く。緑の水面に釣り舟が浮かぶ秋山川の眺めがいい。

秋川橋を渡ってさらに進むと、突き当たりに「名倉入口」バス停がある。藤野駅前から出ている五感の里薬師の湯の送迎車がここを通るので、電話をして途中で拾ってもらおう。五感の里薬師の湯は、仏像などの収蔵品を展示する美術館も併設しているユニークな温泉だ。

五感の里薬師の湯

●**五感の里薬師の湯**
神奈川県津久井郡藤野町牧野4750
☎0426（89）3200
日帰り温泉施設（ドライヤー・シャンプー・ボディソープ）
＊泉質／ナトリウム・カルシウム・一硫酸塩・塩化物泉　＊効能／切傷、火傷、慢性皮膚炎、慢性婦人病、動脈硬化症、飲用により糖尿病、痛風、慢性消化器病、胆石症等に効用
＊営業／10時～22時（10月～6月は21時まで）　木曜休（祝日は翌日休）
＊料金／3時間1000円（税別）
●**WC**／藤野駅・藤野園芸ランド案内所野趣味覚センター・葛原神社
●**ランチスポット**／お弁当を広げるなら葛原神社前休憩所で。周辺には食堂などは少ない。
●**バス**／薬師の湯へは駅前から無料送迎バスが出ている。
●**問合せ**／藤野町観光協会☎0426（87）2111

相模湖
中央自動車道
八王子
相模川
ふじの
WC
弁天橋
甲州街道
日連大橋
味覚センター
WC
名倉入口
名倉峠
秋川橋
文
名倉小
前戸沢橋
葛原神社
WC
桂林寺
藤野
フラワーガーデン
天神峠
藤野芸術の家
藤野芸術の家
秋山川
薬師の湯
吉原入口
奥牧野
N
0
500m
1：25000
津久井町
大久和
藤野やまなみ温泉

さいたま市

旧中山道から新都心をめぐる

さいたま新都心&ラフレさいたま

……与野駅からさいたま新都心へ

10月中旬～11月下旬

二〇〇〇年五月に街びらきした、さいたま新都心。さいたまスーパーアリーナを核とした文化施設や国の行政機関が集まる拠点として注目される。アリーナ内にはジョン・レノン・ミュージアムもオープン。旧中山道やけやきひろばの色づく木々を見ながら芸術にふれ、新都心に湧いた温泉施設、ラフレさいたまに立ち寄っていこう。

最寄りはさいたま新都心駅だが、隣の与野駅からスタート。東口に出て、旧中山道を大宮方面へ。モダンな郵政庁舎、屋上へリポートのある合同庁舎など、新旧の街並を見ながら歩く。けやき並木の途中に、旧街道の面影を残す火の玉不動とお女郎地蔵がある。

さいたま新都心駅東口のエスカレーターを上り、流線形にカーブを描いた駅舎に出る。総合案内所でガイドマップをもらっていこう。新都心は駅から段差のな

◎モデルコース　53分

●アクセス／JR京浜東北線与野駅下車

与野駅東口→（20分）さいたま新都心駅→（2分）けやきひろば→（1分）さいたまスーパーアリーナ→（5分）合同庁舎一号館→（5分）ラフレさいたま→（20分）さいたま新都心駅

いバリアフリーの構造が自慢。各施設に向かって歩行者デッキが整備されている。案内板は行き先のボタンを押すと音声で案内してくれるシステムだ。

よみがえるジョン・レノン

駅の西口方面に歩くとけやきひろば。ここは新都心の2階部分で、人工地盤上に「県の木」ケヤキが220本植えられている。

隣のさいたまスーパーアリーナへ向かい、ジョン・レノン・ミュージアムに入る。館内にはジョン・レノンの使った楽器や衣装、作詞原稿などが展示されている。数々の作品から送られるメッセージは、世代を越えて共感するものが多い。アリーナでは内部を見学するツアーガイドを行っている。普段は見られない楽屋やロッカールームなどを案内してくれるので、希望するなら事前に申し込んでおくといい。

さいたまスーパーアリーナとけやきひろば

歩行者デッキを歩いて合同庁舎一号館へ。31階に上ると一部建物の陰になるが、新都心と市街が展望できる。ただし庁舎に入れ

▼さいたまスーパーアリーナ
日本初、世界最大級の可動システムによってイベントごとに最適な空間を設定。座席ユニットを移動することによって六〇〇〇～三万七〇〇〇人まで対応できる。コンサート、スポーツ、展示会など多目的に利用できる施設。

▼ジョン・レノン・ミュージアム
＊開館／11時～18時（金曜は20時まで）　火曜休（祝日は翌日休）
＊入場料／大人1500円、中・高生1000円、小学生500円
＊問合せ／☎048（601）0009

▼スーパーアリーナツアー
11時から17時まで1時間おきに7回実施。所用時間約40分。　＊料金／大人（高校生以上）800円、子ども（4歳以上）400円　※開催されない日があるのであらかじめ問合せてから出かけよう。＊問合せ／☎048（600）3037

るのは平日のみ。2階に下りてラフレさいたまへ向かう。

月の満ち欠けを表現した広場

館内にはレストラン、メディカルケア、宿泊施設などが揃っている。6階のフィットネスクラブ21の中に温泉クアがある。会員制の施設だが混雑時でなければビジター利用もできる。お風呂はもちろん天然温泉で、明るく落ち着いた雰囲気だ。水着を持っていけば流水プールや寝湯、うたせ湯、屋外ジャグジーが利用できる。

郵政庁舎のところで新都心はおしまい。西大通りに出て歩道を戻る。四季のみちを渡り、オブジェのあるせせらぎの丘へ。

帰路は新都心の1階部分を歩く。官庁の集まるシビックコア地区には、彫刻などのアート作品が見られる。せせらぎ通りの手前で歩行者デッキを渡り月のひろばへ。広場そのものが月の満ち欠けを表現した「月夜見」という作品になっている。階段を上がるとけやきひろば。帰りはさいたま新都心駅を利用するか、埼京線与野本町駅も歩いて5分と近い。

ラフレさいたま

官庁が集まるシビックコア地区のオブジェ

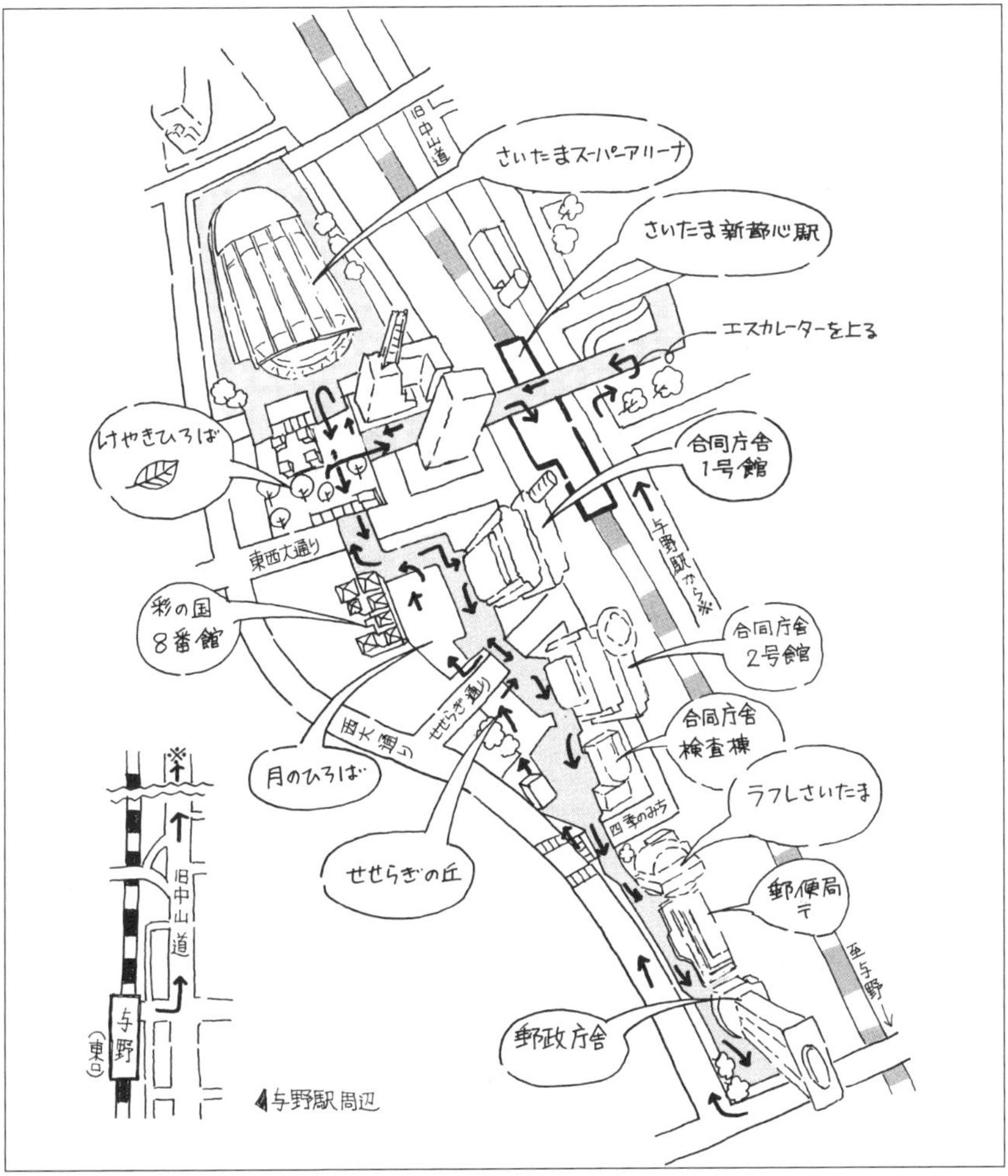

●**ラフレさいたま**
埼玉県さいたま市北袋町1−21−3
☎048（601）2525
簡易保険加入者福祉施設（ドライヤー・シャンプー・ボディソープ）
＊泉質／ナトリウム−塩化物強塩温泉（弱アルカリ性高張性）　＊効能／神経痛、筋肉痛、関節痛、五十肩、運動麻痺など　＊営業／10時〜23時半（土曜は22時、日祝は19時半まで）　第2・4月曜休　＊料金／12歳以上800円　12歳未満400円　タオル300円で貸出

●**WC**／与野駅、さいたま新都心内、さいたま新都心駅

●**ランチスポット**／お弁当ならけやきひろばと、月のひろばにベンチがある。新都心にはけやきひろば1階など飲食できる店は多い。合同庁舎内（平日のみ）の食堂はランチも安く一般でも利用可。

●問合せ／ふれあいプラザ☎048（600）3192

大滝村

奥秩父の紅葉を狩る

秩父湖＆遊湯館

……栃本関所跡から秩父湖へ

10月下旬～11月中旬

豊かな山の幸に恵まれ、荒川源流に近い大滝村へ。秩父湖からバスを乗り継いでさらに先へ行くと関東三大関所の一つ栃本関所跡がある。ここを起点に紅葉のスポットをめぐって秩父湖へ戻るウオーキングコース。山村の静かな道を歩き、渓谷や山を彩る紅葉を堪能した後は、美人の湯とされる大滝温泉遊湯館に立ち寄っていこう。

秩父湖バス停で降りて、「川又」行きのバスに乗り換える。山村の風景を見ながら、バスは国道１４０号を走る。国道といっても車一台が通れる幅で、対向車とすれ違うこともめったにない。栃本関所跡バス停で降りると、目の前が関所跡。外観を見るのみだが、木柵や玄関が関所の面影を残している。正面の山々を望むと紅葉が美しい。急斜面に畑が耕され、みごとな景観は厳しい自然条件の中で暮らす人々の手で保たれているのだと感じる。

◎モデルコース　約1時間50分

●アクセス／秩父鉄道三峰口駅からバス「秩父湖」行きに乗り、終点でバス「川又」行きに乗り換え「栃本関所跡」下車

栃本関所跡→（25分）不動橋→（10分）不動滝→（40分）荒川つり橋→（25分）秩父湖バス停→（バス10分）大滝温泉遊湯館バス停→（徒歩1分）遊湯館

▼**栃本関所跡**（国史跡）
雁坂峠を越えて甲州へ抜ける秩父往還と十文字峠を越えて信州方面へ向かう信州往還の合流点に設けられた関所。江戸時代、甲州武田氏の設置に始まると言われる。関東三大関所の一つ。

瑠璃色の秩父湖

道を戻って林平バス停の先に行くと「不動滝へ至る」の道標がある。坂道を下り、鋪装が切れた所で右に「民宿ふるさと」「不動滝方面」への道標。杉林の間のじゃり道を下ると、せせらぎや木の葉が揺れる音がする。落ち葉ですべりやすいので気をつけよう。やがて、民宿ふるさとの下に出る。道を下っていくと急流の音が聞こえてくる。

栃本関所跡

あずまやのところで階段を降り不動橋へ。大きな岩の間に荒川の急流が渦を巻き、川底の石が透けて見える。吊橋を渡って不動滝へのハイキングコースを上る。しだいに傾斜がきつくなり「不動滝へあと五分」の道標にホッとする。石段を上ると不動様がまつられ、滝の音が響いてくる。遊歩道を降りて不動滝に対面。秋色に染まった木々をバックに豪快に落ちる滝は迫力がある。あまりそばまで行くと水しぶきが冷たく足元が危険だ。適当な場所で引き返そう。

▼不動滝
荒川に流れ込む大除沢がつくる落差50mの滝。この荘厳な姿を不動明王になぞらえて、不動滝と名付けたという。不動滝へのハイキングコースは、上りが急ですべりやすい所がある。ハイキング用などすべり止めのある靴で出かけよう。コースの状況や体調によっては不動滝をカットしてもいい。

▼秩父湖
昭和三六年、洪水調節、灌漑、発電を目的として二瀬ダムが建設された。埼玉県では初の多目的ダムで、秩父湖はこの二瀬ダムによってできた人造湖。

不動橋まで戻り、あずまやの前に出て秩父湖方面へ。杉林が続き、急流の音がだんだん遠ざかる。時折、鳥の声が聞こえ、赤や黄に染まる山々が目を楽しませてくれる。

景色に気をとられているうちに、荒川つり橋に到着。橋上から見る瑠璃色の秩父湖と山の紅葉が鮮やかだ。橋の先は通行止なので引き返して湖岸遊歩道に降りる。

秩父湖のほとりを歩いて、途中で元の道へ。歩道を進んでいくと二瀬ダムが見えてくる。この先が秩父湖バス停。「三峰口駅」行きのバスで戻り、「大滝温泉遊湯館前」で途中下車して温泉に立ち寄っていこう。バス停の向かいが道の駅大滝温泉で、この中に遊湯《ゆうゆ》館がある。

温泉の浴室は1階が檜風呂、地階が岩風呂になっている。中で二つの浴室を行き来でき、双方から荒川の渓流が眺められる。豊かな自然を間近に感じながらお湯につかっていると、心身共に癒されるようだ。帰りは遊湯館前からバスで三峰口駅へ。道の駅には村立歴史民俗資料館や特産品販売センターがある。

荒川つり橋

▼大滝温泉遊湯館

埼玉県秩父郡大滝村大滝4277-2
☎0494（55）0126
日帰り温泉施設（ドライヤー・シャンプー・ボディソープ）
＊泉質／ナトリウム-塩化物温泉（高張性・弱アルカリ性温泉）
＊効能／神経痛、筋肉痛、関節痛、アレルギー性呼吸器疾患（花粉症）など　＊営業／10時～17時　木曜休（祝日は翌日休）
＊料金／大人600円、小学生300円、乳幼児150円　タオル290円で販売

●WC／三峰口駅、秩父湖バス停、林平バス停

●ランチスポット／お弁当なら不動橋の手前にあずまやが、不動様の前と二瀬ダムの手前にベンチがある。秩父湖バス停のそばにはドライブインが、遊湯館と道の駅でも食事ができる。

●バス／「秩父湖」行きは1時間に1本程度。川又行きのバスは1日6往復。午前中は10時台の便を逃すと14時までバスがないので時間を調べてから出かけよう。

●紅葉の見ごろ／10月下旬～11月中旬

●問合せ／大滝観光協会☎0494（55）0707

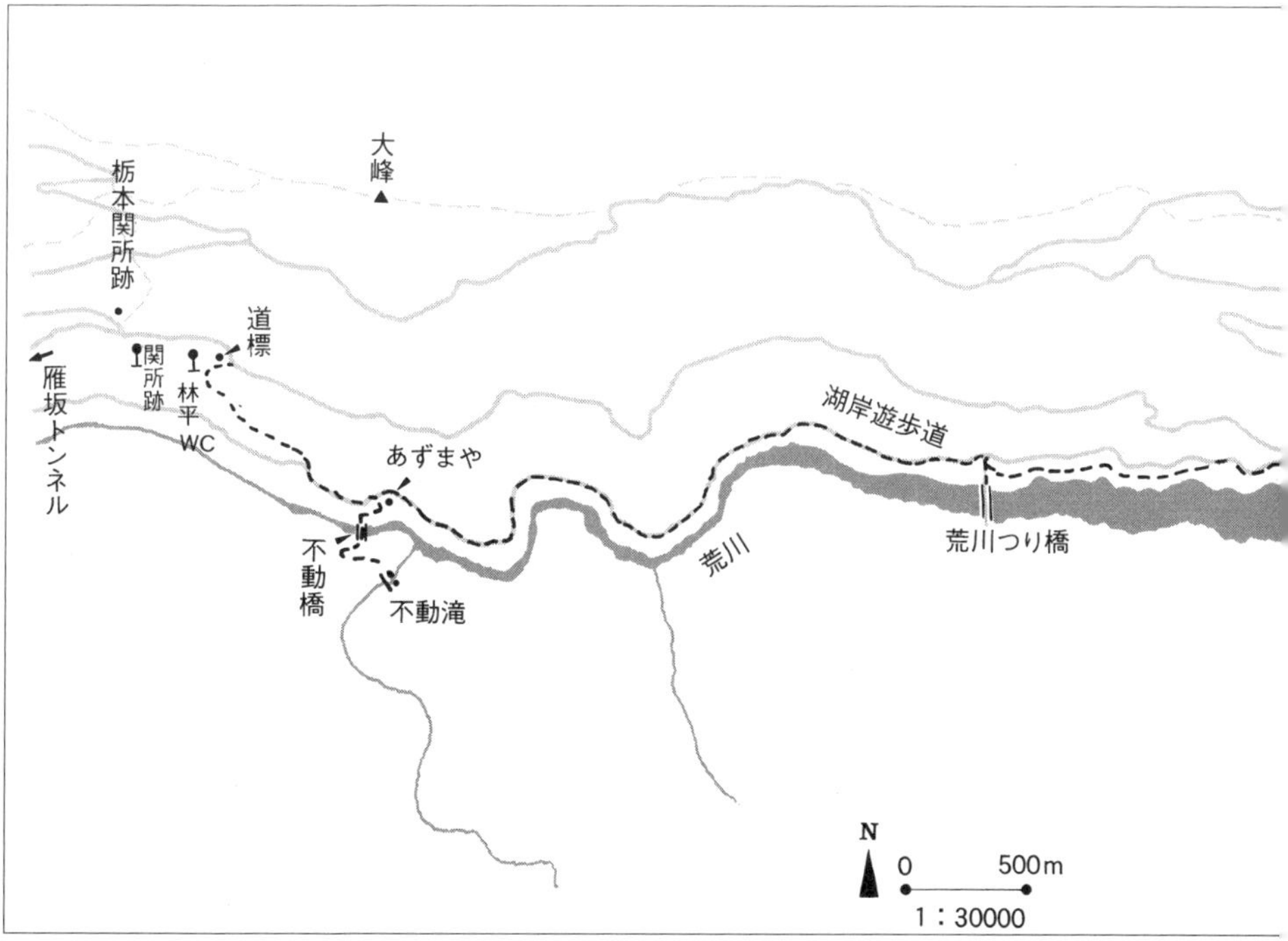

小田原市

根府川&スパウザ小田原

海を見ながらミカン狩り

……根府川海岸から箱根の裏関所へ

11月～12月

小田原市の根府川はミカンの産地として知られるが、周辺には根府川関所跡や秀吉が愛用した茶室・天正庵跡などの史跡も点在する。間近に海を眺めながら史跡をめぐり、ミカン狩りを楽しんだ後は、相模湾を望む山の上のスパウザ小田原でリラックス。12階建ての本館はホテルと見まがうほどで、施設も充実している。

根府川《ねぶかわ》駅を出ると正面に「根府川潮騒の道・江の浦漁港ハイキングコース」の道標がある。このコースは丘の上から海を眺めつつ史跡をめぐり、ミカン畑を縫って江の浦漁港に下るルートだが、カーブの多い車道歩きが多いので十分な注意が必要だ。車の通行が多い休日は避けた方がいいだろう。

駅前の国道を左へ進み、寺山神社向かいの釈迦堂入口の石碑が立つ階段を下る。岩泉寺の墓地に沿って狭い路地を下ると、まもなく東海道線の陸橋下に出る。突

◎モデルコース　1時間5分

●アクセス／JR東海道線根府川駅下車

根府川駅→(15分)釈迦堂→(5分)根府川海岸→(5分)関所跡→(5分)関所跡入口バス停→(15分)オーランジェ・ガルデン→(20分)スパウザ小田原

▼天正庵跡

天正一八年（一五九〇）、小田原戦役の際、豊臣秀吉が千利休に命じて大野家屋敷内に設けた茶室跡。秀吉から拝領した酒器や碁盤などが今も大野家に残る。（注：天正庵跡へは根府川駅前国道を真鶴方面に約30分。その先、根府川バス停を海側へ下ると根府川漁港に至る。海岸沿いに根府川海岸へ戻ると天正庵跡から約30分）

き当たりに道標があり、右が関所跡、左へ行くと根府川海岸だ。海岸に向かう途中、陸橋下の橋を渡ると釈迦堂。釈迦堂本尊は岩盤に刻まれた釈迦仏だが、山津波で周囲が埋没したため、現在は地下の祠《ほこら》の中にある。

箱根の裏関所を通る

ドライブインが並ぶ海岸に出たら目の前の真鶴道路を横切り、階段を下ると根府川海岸の岩場に出る。右手に根府川漁港や真鶴、伊豆半島が見える。道標まで戻り関所跡に向かう。カーブミラーのある角を左折し川沿いの道に出ると、前方の川端に関所跡の説明板が見える。

根府川関所は箱根の裏関所として、江戸時代初期に置かれた。関所跡の先へ道なりに進めば、もとの国道に戻る。スパウザ小田原へは、根府川駅まで戻り送迎バスに乗ってもいいが、ミカン畑と海の眺めを楽しみながら農道をたどり、のんびり歩いてみよう。

国道に出たら関所跡バス停前の歩道を横

斜面のミカン畑

▼ミカン狩り／オーランジェ・ガルデン
スパウザ小田原入口のオレンジ橋手前。＊ミカン狩り入園料／大人400円、小人（小学生）200円 園内食べ放題 ＊期間／11月初旬～12月末 ＊問合せ／☎0465（29）0703

切り直進。入ってすぐ左手のやや急な上り坂を登る。ミカン畑と林の中の曲がりくねった道を進むと、前方にオレンジ橋が見えてくる。橋を渡るには道を左に進む。ひと上りしてカーブミラーの立つ角を出ると、スパウザ小田原に至る広い車道に出る。橋の手前にある山小屋風のオーランジェ・ガルデンは、ミカンや鉢花を売っている。ここで申し込むとミカン園でミカン狩りもできる。

12階建ての滞在型健康施設

先へ進みオレンジ橋の少し先の散策コース入口Cを入る。ここはスパウザ小田原の敷地内にある散策路で、途中に休憩所や見晴し台もある。コースA出口から出ると目の前がスパウザ小田原。本館はホテルかと見まがう12階建て。温泉はその右手、ドーム型のバーデ棟3階にある。ここは勤労者のための滞在型健康施設で、温泉施設のほかに本館12階のレストランや1階売店など、一般客も利用できる。帰路は、送迎バスで根府川駅まで戻る。

スパウザ小田原

●**スパウザ小田原**
宿泊施設と健康管理センターやレストラン等がある本館、大浴場やバーデプールのあるバーデ棟、各種スポーツ施設のあるスポーツ棟などがある
神奈川県小田原市根府川583-1
☎0465(29)1000
滞在型健康施設（ドライヤー・シャンプー・ボディソープ・タオル）
＊泉質／ナトリウム塩化物泉（純食塩泉） ＊効能／神経痛、筋肉痛、関節痛、五十肩など ＊営業／日帰り13時～17時 無休 ＊料金／大人1000円、小人500円

●**WC**／根府川駅、根府川海岸、スパウザ小田原散策路休憩所

●**ランチスポット**／お弁当持参なら根府川海岸やミカン園で。またはスパウザ小田原内にレストランもある（レストランは14時～17時まで閉店するところもあるので注意）。

●**問合せ**／小田原市観光課☎0465(33)1302

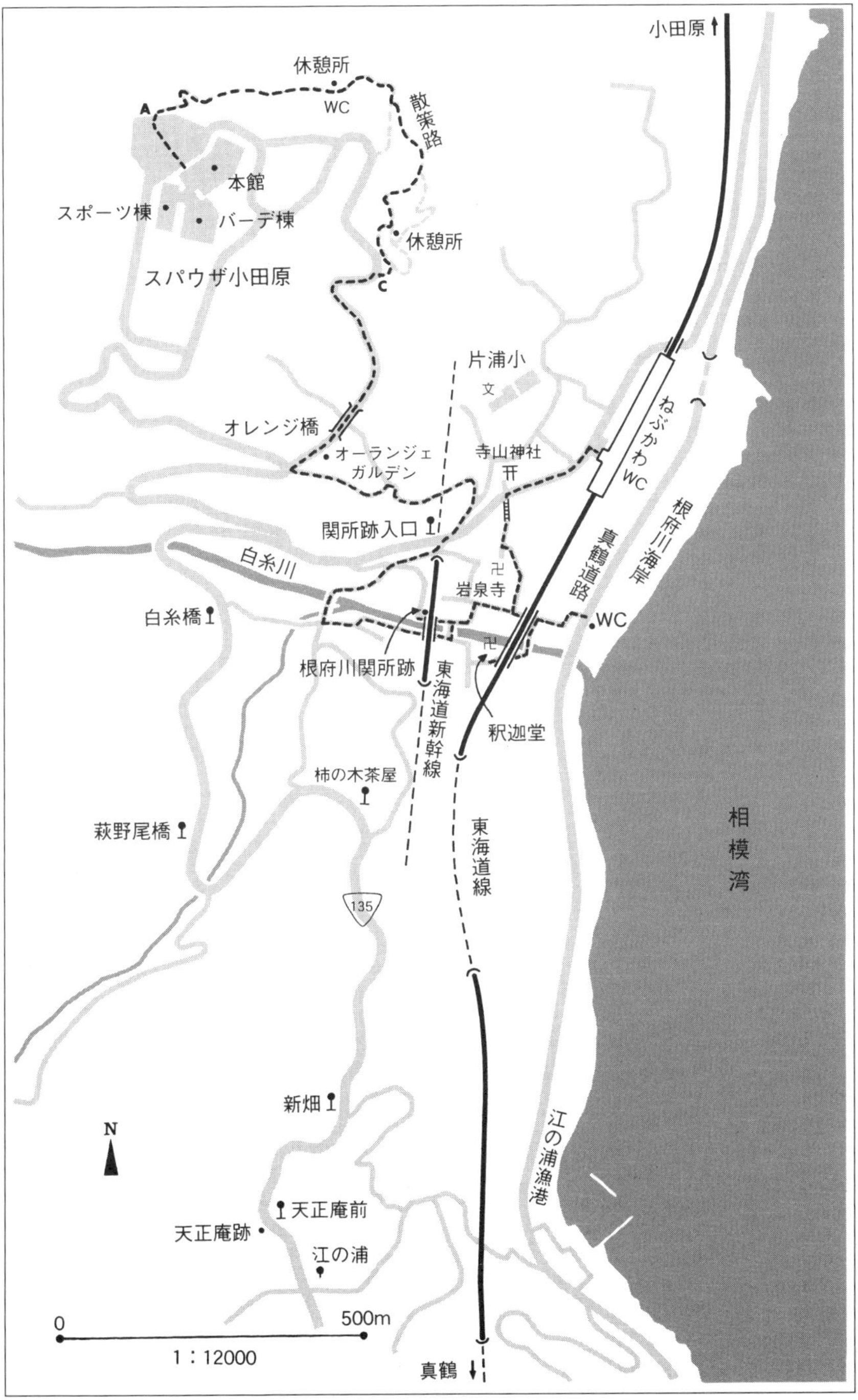
小田原
休憩所
WC
散策路
A
本館
スポーツ棟
バーデ棟
休憩所
スパウザ小田原
C
片浦小
文
ねぶかわ
WC
オレンジ橋
・オーランジェ ガルデン
寺山神社
根府川海岸
真鶴道路
関所跡入口
白糸川
岩泉寺
白糸橋
WC
根府川関所跡
東海道新幹線
釈迦堂
柿の木茶屋
萩野尾橋
相模湾
東海道線
135
新畑
N
江の浦漁港
天正庵前
天正庵跡
江の浦
0
500m
1：12000
真鶴

都心で紅葉と温泉を

新宿御苑＆新宿十二社温泉

……青山通りから都庁展望室へ

11月中旬～12月上旬

神宮外苑のイチョウ並木から新宿御苑へ、都心の紅葉をめぐるコース。広さ58・3haの御苑は、秋になると菊花壇が公開されプラタナス並木など色づく木々が美しい。庭園を散策したら、都庁第一本庁舎まで足を延ばして展望室へ。地上202mから東京を一望し、最後は東京のど真ん中に湧く新宿十二社温泉に立ち寄っていこう。

外苑前で地下鉄を降り、4番出口へ。青山通りを歩くと2、3分でイチョウ並木。道の両側にイチョウの大木が二列ずつ並び見事な景観だ。絵を描く人、写真を撮る人、イチョウの実を拾い集める人。黄葉の時期は多くの人が訪れる。落葉を踏みしめてイチョウのトンネルを歩き、前方の絵画館に向かう。館内には明治天皇が誕生してからのできごとが、年代順に壁画で綴られている。日本画、洋画それぞれ40点。順にたどっていくと明治の歴史がよくわかる。

◎モデルコース　1時間58分
※新宿御苑の散策時間を含む

●アクセス／地下鉄銀座線外苑前駅下車

外苑前駅→（3分）イチョウ並木→（10分）絵画館→（15分）新宿御苑→（園内散策60分）千駄ヶ谷門→（25分）都庁展望室→（5分）新宿十二社温泉

▼イチョウ並木
日本近代造園の師といわれた折下吉延博士が一九〇八年に新宿御苑の銀杏樹から銀杏を採集し、現在の神宮境内で苗木を育てた。一九二三（大正十二）年、外苑造苑にあたりこの銀杏樹を植栽。遠近法を用いて絵画館が大きく見えるよう青山通りから樹高順に植えられている。

絵画館を出て千駄ヶ谷方面へ向かう。信号を渡り、国立競技場の前を歩いて外苑橋を渡る。千駄ヶ谷駅を過ぎて税理士会館の看板を見つけたら右へ。道なりに行くと新宿御苑の千駄ヶ谷門に出る。入口で園内マップをもらっておくと、紅葉の見ごろと場所が記されているので散策に便利だ。

都心に二万本の樹木

園内を歩くと鳥の声が聞こえ、一瞬耳を疑う。広い庭園の向こうにはビルが見え、都心に残された貴重な自然なのだと実感する。御苑の樹木は二万本以上。10月中旬～12月中旬の間にハナミズキ、ユリノキ、イチョウ、カエデなどが順次色づく。紅葉の時期が少しずつ違うので、時期を変えて再訪するのもいい。

フランス式整形庭園には秋バラが咲き、プラタナス並木が黄葉するとノスタルジックないい風景になる。

園路を一周して千駄ヶ谷門に戻り、都庁を目指す。税理士会館をへて、公園の端ま

神宮外苑のイチョウ並木

▼絵画館
＊開館／9時～17時（ただし年末、年始各2日は10時～）　＊入館料／大人500円、大・高生300円、小・中生200円　＊問合せ／明治神宮外苑☎03（3401）5179

▼新宿御苑
フランス式整形庭園、イギリス式風景庭園、日本庭園を組み合わせた和洋折衷の庭園。毎年11月1日～15日まで日本庭園で菊花壇が公開される。
＊開園／9時～16時半　月曜休（祝日は翌日休）　＊入園料／大人200円、小・中生50円　＊問合せ／管理事務所☎03（3350）0151

▼都庁展望室
＊開室／北展望室9時半～22時　月曜休　南展望室9時半～17時半（土日祝は19時半まで）　火曜休　＊問合せ／都庁展望室☎03（5320）7890

で歩いたところで十字路を左へ。

明治通りを渡り、ＪＲ線をくぐって代々木駅前に出る。コーヒーショップの間の道を斜めに入り、まっすぐ行くと甲州街道。少しの間、車の音にも我慢しよう。西新宿二丁目の交差点を渡り、ＫＤＤＩビルの間を入ると車の音が和らぐ。

南通りに出るとケヤキ並木が色づいている。超高層の庁舎を仰ぎながら、都庁第一本庁舎の南展望室に上る。エレベーターで45階まで約55秒。展望室からは神宮外苑や新宿御苑が眼下に見え、東京ドーム、東京タワー、臨海副都心など都内が一望できる。庁舎には南北二つの展望室があり、見える範囲が多少異なるので時間があれば両方上ってみるといい。

ふれあいモールに出て新宿中央公園を通り抜け、十《じゅう》二《に》社《そう》通りに出る。公園に沿って左へ行くと信号の前が新宿十二社温泉。ここはビルの地下にある天然温泉。都心に温泉があるとは意外だ。お湯はコーラ色で浴槽につかると身体が見えなくなるくらい濃い色をしている。

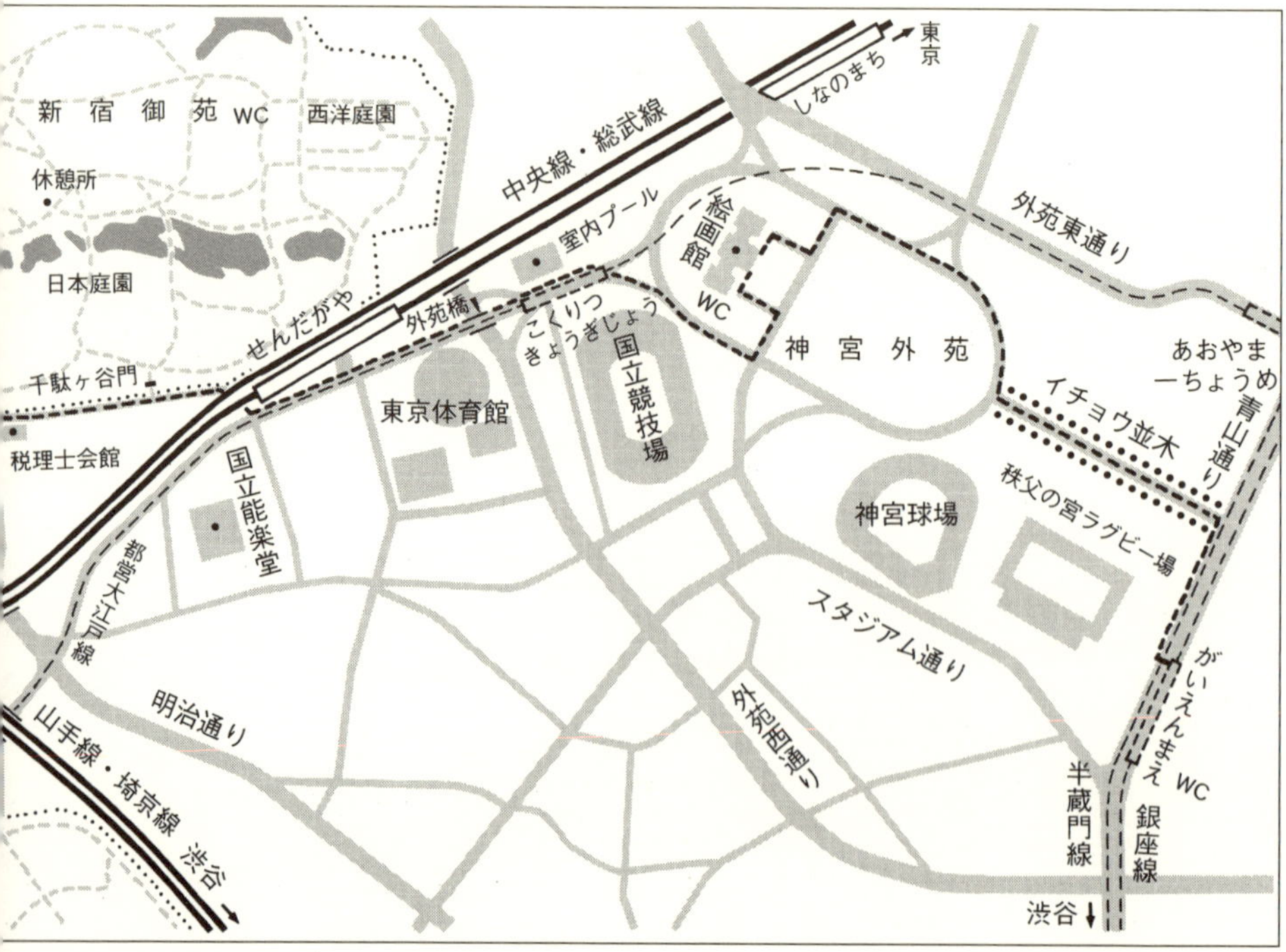

●新宿十二社温泉
東京都新宿区西新宿4-31-3
☎03（3376）4423
日帰り温泉施設（シャンプー・ボディソープ）
＊泉質／含食塩一重層泉　＊効能／創傷および火傷、皮膚掻痒症および角化症、リウマチ性疾患など　＊営業／11時～22時　木曜休　＊料金／大人1900円、子ども（小学生以下）1100円　タオル200円で貸出

●WC／外苑前駅、絵画館、新宿御苑、都庁展望室

●ランチスポット／お弁当なら新宿御苑で。苑内にはレストハウスや売店もある。第一本庁舎前にある都議会議事堂地下の都民広場には和・洋・中華などの店や議会レストランがあり、平日なら第一・第二本庁舎の職員食堂も利用できる。

●紅葉の見ごろ／イチョウ並木は11月中旬～下旬、新宿御苑は樹木の種類によって10月中旬～12月中旬

●問合せ／新宿区商工課☎03（3209）1111

都庁第一本庁舎

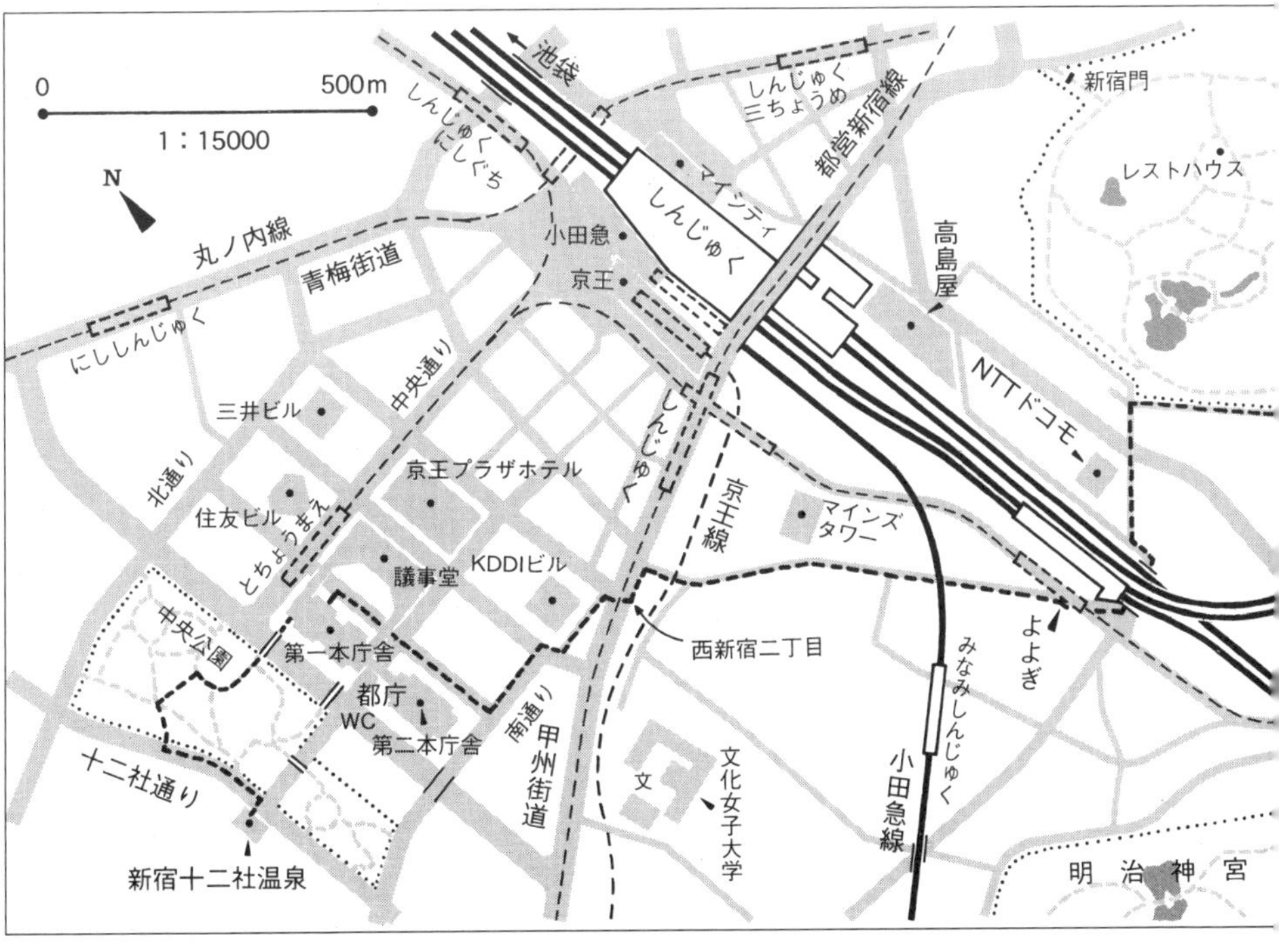

新座市

晩秋の武蔵野を満喫

平林寺&彩泉楼

……野火止緑道から紅葉の平林寺へ

11月中旬～12月上旬

関東の名刹、平林寺は総面積56haの広大な境内林に囲まれている。都心に近い立地ながら、貴重な自然が残るスポットだ。四季折々でさまざまな景観が楽しめるが、初めて訪れるなら雑木林の色づく秋がおすすめ。野火止緑道から平林寺へ向かい、境内を散策して、にいざ温泉彩泉楼へ。武蔵野の秋を満喫するコースだ。

◎モデルコース　2時間10分

●アクセス／JR武蔵野線新座駅下車

JR新座駅南口→（15分）野火止緑道入口→（10分）野火止公園→（20分）伊豆殿橋→（10分）平林寺→（境内散策60分）平林寺堀→（15分）にいざ温泉彩泉楼

新座《にいざ》駅南口に出て、線路沿いを歩く。ブドウ園の角を左へ、川越街道に出たら右へ行くと、野火止《のびどめ》中の信号の手前に「野火止用水（暗渠）野火止緑道（５００ｍ）」の道標が出ている。細い道を曲がると景色は一変して畑が広がる。水の音が聞こえるが、野火止用水は暗渠を流れている。土の道がソフトで足に優しい感触だ。

野火止緑道橋を渡って交通量の多い国道２５４号を越えると野火止公園。ベンチがあるのでひと休みしていこう。ここで野火止用水は暗渠を出て姿を見せ、用

▼野火止用水
一六五五年、川越藩主松平信綱によって武蔵野の新田開発のために開削された用水路。全長約25㎞。玉川上水の水を分水し、野火止台地をへて新河岸川に至る。

水に沿って野火止緑道が続いている。落葉の上をサクサクと音を立てて歩く感触がいい。山下橋を過ぎると広々とした平林寺《へいりんじ》境内林が見えてくる。畑が続き、のどかな風景だ。道端に野菜や卵の直売所もあり、東京からさほど離れていない場所に、豊かな自然が残されていることに驚く。

アカマツ、クヌギ、コナラ

伊豆殿橋まで歩いたら、いったん野火止用水を離れて平林寺へ。平林寺大門通りを曲がると歩道にしっかり根を張ったカシの木が並び、茅葺きの平林寺総門が見えてくる。境内に入るとお寺を象徴する山門がひかえる。岩槻平林寺から移築後三五〇年以上経つもので埼玉県の文化財。脇を野火止用水が静かに流れ、紅葉が彩りを添えている。晩秋の時期は仏殿から鐘楼の周りの木々が赤や黄に変わり、風情がある。

　順路に沿って散策すると松平信綱夫妻らが眠る大河内松平家の廟所や野火止の地名発祥となった野火止塚などの史跡がある。

平林寺の散策コース

▼平林寺

一三七五年、太田備中守によって建てられ、その後一六六三年に川越城主松平信綱と息子の輝綱によって現在地へ移された。広大な境内林は国の天然記念物。

＊入山／9時～16時　＊料金／大人300円、子ども100円　※平林寺は禅修行の専門道場であるため、拝観休止日がある。事前に問合せてから出かけるといい。　＊問合せ／☎048（477）1234

アカマツ、クヌギ、コナラなど武蔵野の面影を残す境内林をめぐり、野鳥の声に耳を澄ましていると約1時間のコースもあっという間だ。

紅葉を愛《め》でた後は、にいざ温泉彩泉楼へ向かう。伊豆殿橋の手前で平林寺堀の遊歩道に入り、西陣屋通りに出たら関越自動車道の上を通る。産業道路の信号を渡って右へ、市民総合体育館前を過ぎるとにいざ温泉彩泉楼《さいせんろう》が見えてくる。

自然光あふれる大浴場

彩泉楼には五色の湯と天平の湯の二つの大浴場がある。五色の湯には露天風呂があり、お湯はきれいな麦茶色をしている。湯着に着替えて天平の湯に行くと自然の採光でゆったりした造り。岩の間をうたせ湯が流れ、雰囲気の違うお風呂が楽しめる。

帰りは産業道路まで戻ると新座総合体育館入口バス停から朝霞台駅、志木駅、東久留米駅へバスの便がある。

平林寺山門

●**にいざ温泉彩泉楼**
埼玉県新座市本多2－1－5
☎048（478）0123
日帰り温泉施設（ドライヤー・シャンプー・ボディソープ・タオル）
＊泉質／ナトリウム－炭酸水素塩・塩化物温泉　＊効能／神経痛、筋肉痛、慢性消化器病、慢性皮膚病など
＊営業／10時～24時　第3水曜休（祝日は第4水曜休、8・12月は無休）　＊料金／平日大人1650円、子ども840円　特定日大人1950円、子ども1050円（特定日土日祝、1月1日～4日、8月13日～16日）

●**WC**／新座駅、野火止公園、平林寺

●**ランチスポット**／お弁当なら平林寺境内のベンチで。平林寺の近くにはうどん・そばの店さか重、精進料理のむさし野がある。

●**紅葉の見ごろ**／11月中旬～12月上旬

●**問合せ**／新座市産業観光協会☎048（477）1111

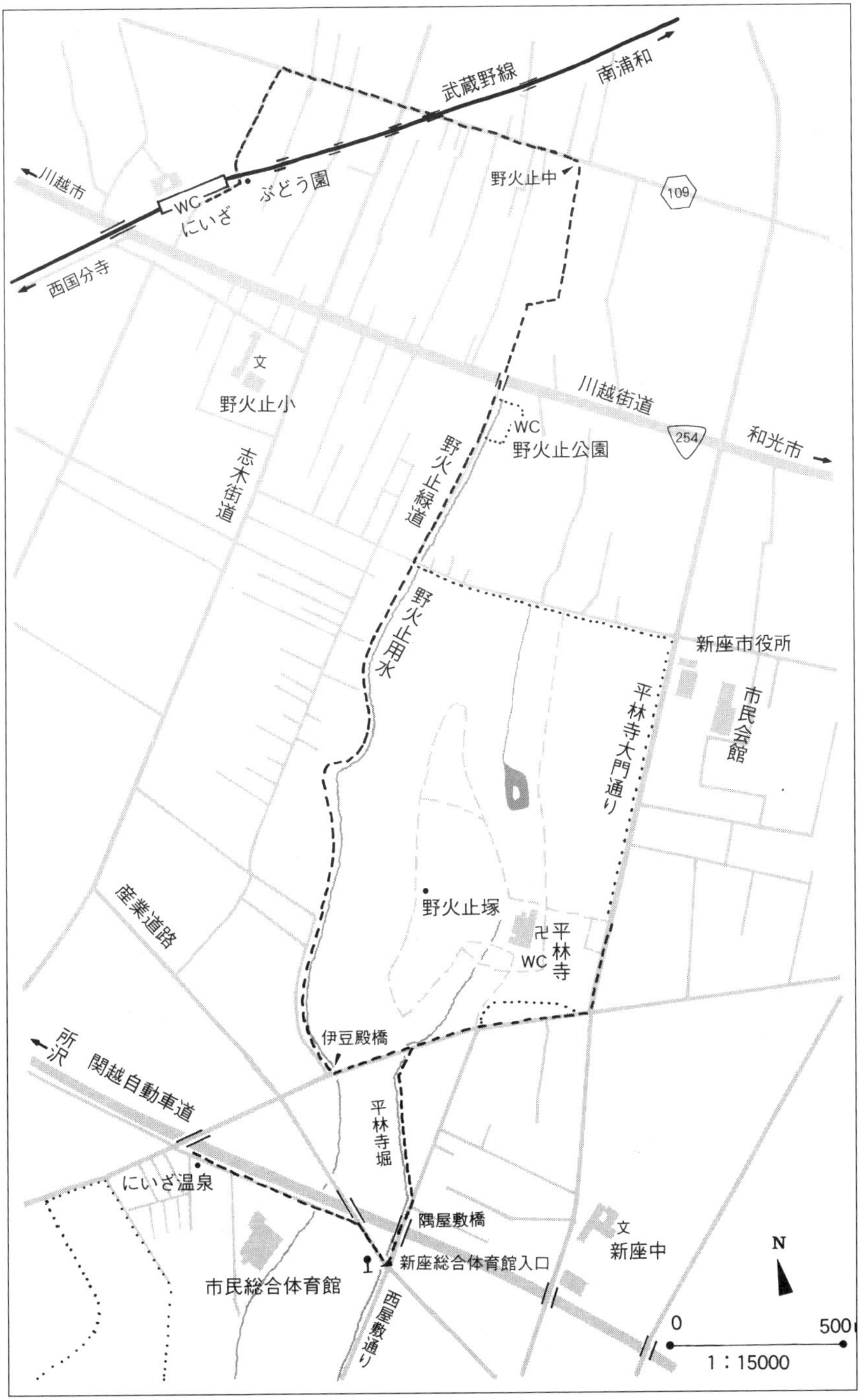
武蔵野線
南浦和
川越市
西国分寺
WC
にいざ
ぶどう園
野火止中
109
文
野火止小
川越街道
254
和光市
WC
野火止公園
志木街道
野火止緑道
野火止用水
新座市役所
市民会館
平林寺大門通り
産業道路
野火止塚
平林寺
WC
伊豆殿橋
所沢
関越自動車道
平林寺堀
にいざ温泉
隅屋敷橋
文
新座中
N
新座総合体育館入口
市民総合体育館
西屋敷通り
0
500
1：15000

ウオーキングを楽しむために　その3　ワンポイント・アドバイス

●無理のないペースで

コースタイムは一応の目安なので、歩く人によって早くても遅くてもかまわない。体力に合わせて無理のないペースで歩こう。疲れたら休憩をとり、グループで歩く時は一番体力のない人にペースを合わせよう。

体調のすぐれない時は無理をせず、またの機会にしよう。

●水分を補給しよう

歩いて汗をかくとその分体内の水分が失われ、体温が上がって熱中症になる危険がある。水筒は忘れずに持っていこう。特に、夏は脱水症状にならないよう、歩く前と歩いている途中でこまめに水分を補給しよう。温泉に入った後も、水分の補給を。入浴後、時間があれば少し休んでいくといい。

●観光案内所をチェックしよう

観光地ではたいてい駅前に観光案内所がある。歩き出す前に立ち寄って付近の地図やパンフレット、入館割引券などを入手しておくといい。美術館・博物館、温泉など多少の額でも割引になると、ちょっとトクした気分になる。

最新のスポット情報もここでチェックしておこう。

●ゴミは必ず持ち帰ろう

ハイキングコースでは、ゴミは持ち帰るのが原則。美しい自然にふれ、心癒されるのもウオーキングの楽しみだが、河原にゴミが散乱していたり、遊歩道に捨てられたタバコの吸い殻や空缶などを見ると心が痛む。

いい景観は地元の方々の手で保たれていることを忘れずに。当然ながら、ゴミは各自で持ち帰ろう。

●プラスαの楽しみを

コースをめぐるだけでも十分楽しめるが、歩きながらバードウオッチングをしたり、野草を見つけたり、古い建築物などの歴史をひもといたり、自分なりのウオーキングプラスαの楽しみを見つけると2倍も3倍も楽しめる。訪れた場所は写真やスケッチに納めたり、短歌や俳句を詠んだり、入館券やスタンプ、各地の郵便局で風景印を集めるなど趣味を生かして記録しておくといい記念になる。

冬の7コース

真っ白な富士と対面する

清宏園&御胎内温泉センター

……富士山御胎内清宏園めぐり

11月〜12月

富士山麓に広がる富士山御胎内清宏園は、御殿場市の富士見十景に数えられ、桜やツツジが咲く春から富士山眺望の冬まで四季折々に楽しめる。広い林の中には二千種を越す高山植物や、富士山の噴火によってできた溶岩樹型などが見られる。近くに湧出した御胎内温泉は、富士山眺望が自慢の湯。澄んだ冬の空にくっきりと映える雪の富士山が美しい。

御殿場駅富士山口から、「因野本村」行きバスに乗り「御胎内温泉センター」下車。周辺には食堂などはないので、お弁当を買うなら御殿場駅周辺で。バスを降りて御胎内温泉の入口正面にまわると、三角屋根にガラス張りの建物が雄大な富士山をバックに立っている。

御胎内温泉センターは、まわりを林に囲まれた静かな環境と富士山の眺望、広々とした施設が人気で、最近はこの温泉を目当てに訪れる人も多い。お風呂は最後

◎モデルコース　1時間15分
※清宏園の散策時間を含む

●アクセス／JR御殿場線御殿場駅下車。または新宿から特急あさぎりに乗り御殿場駅下車

御殿場駅→（バス20分）御殿場御胎内温泉センター→（5分）富士山御胎内清宏園（40分）→（5分）たくみの郷→（5分）→御殿場御胎内温泉センター

の楽しみとして、まずは富士山御胎内清宏園《ごたいないせいこうえん》を散策しよう。車道に戻り右へ進むとまもなく入口だ。

天然記念物の溶岩隧道

ここは御殿場市の富士見十景にも数えられる名勝地。園内には樹齢百年余といわれるナラの林があり、新緑や紅葉のころは言うまでもなく、夏の緑陰や冬枯れの木立もそれぞれに美しい。

富士山御胎内清宏園の入口

入口を入り林の中を進むと、富士山の噴火でできた溶岩樹型や奇岩などがあちこちに見られる。林の奥の胎内神社の横には、天然記念物の溶岩隧道。その形が人間の胎内に似ているところから御胎内と呼ばれる。中を一周できるが真っ暗なので、入るなら事前に受付でローソクを買って入ろう。

夏は賑わう富士山麓も冬は訪れる人もまばらで、落葉を踏みつつ林の中を歩けば、枯れ枝ごしに真っ白な富士が見られる。この季節ならではの眺めと静けさ。

▼富士山御胎内清宏園
＊営業／8時半～17時（10月～3月は16時半まで）＊料金／大人（18歳以上）150円、小人70円 ＊問合せ／☎0550（89）0249

落葉した林の中は木漏れ日が差し込み、明るくて思いのほか暖かい。林の中を歩いていると小動物が横切ったり、キジやジョウビタキなどの野鳥も見かける。ここは御殿場市の野鳥の森にも指定されている。バードウオッチングを楽しむなら双眼鏡を持参するといいだろう。

林の一角に、「土に還る木・制作工房」がある。工房をのぞくと、天然木を輪切りにしてくり抜いた手作りの植木鉢や、その植木鉢に植えられた苗木や盆栽風の寄せ植えが並んでいる。

ここでは風倒木や間伐材を使って手作りの植木鉢を作り、苗木を植えて、苗が育ったら森へ還す運動をしているのだという。

材料の木やノミなどの道具も揃っているので、工房で申し込めば植木鉢作りの体験もできる。

富士山を眺めるのんびり湯

道を戻り温泉入口前をさらに少し下ると「たくみの郷」。ここには移築された茅葺きの民家・旧石田家住宅と手作り体験工房があり、体験工房では、地元の主婦らの指導でそば打ち体験ができ、打ったそばを試食できるコーナーもある。

最後は御胎内温泉センターに戻り、富士山を眺めながらのんびり湯につかろう。帰りのバスの本数は少ないので、発車時刻を確かめた上で行動しよう。

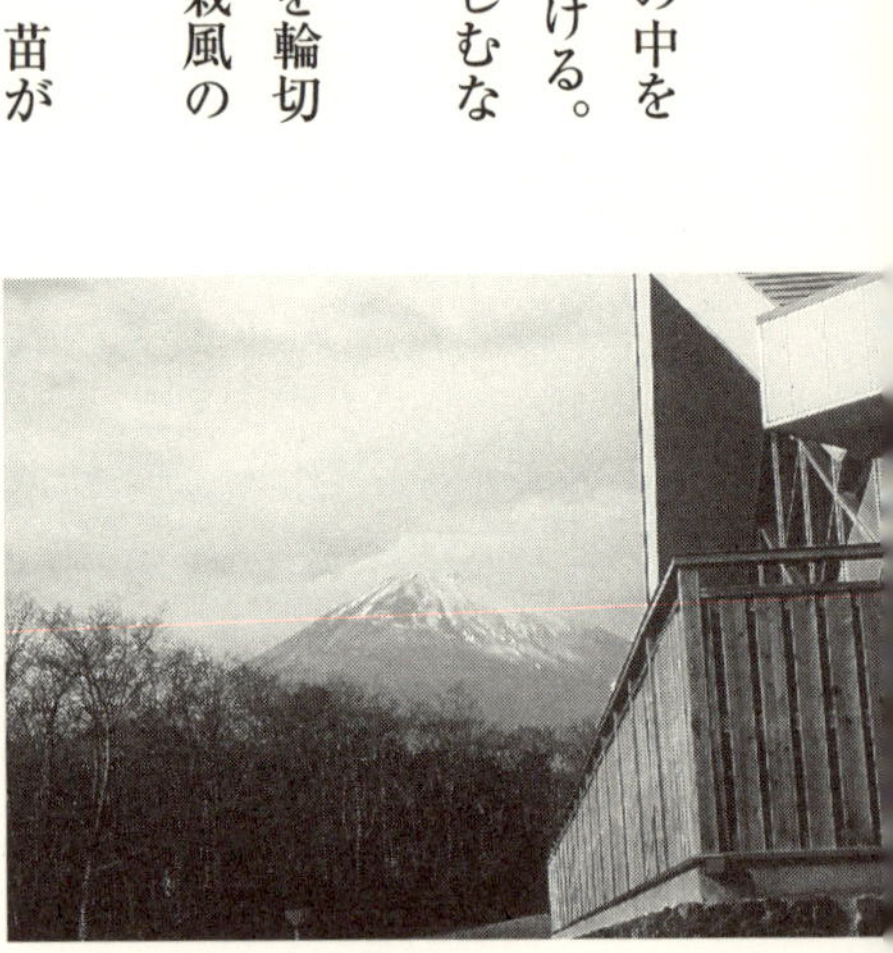

御殿場御胎内温泉センターからの富士山

▼たくみの郷
そば打ち体験ができる手作り体験工房。所要時間は1時間〜1時間半。＊利用時間／10時〜16時　火曜休（祝日は翌日休）　＊料金／1セット（4人前）4000円（2人以上で体験も可）　＊問合せ／☎0550（88）0330

●御殿場御胎内温泉センター
静岡県御殿場市印野1380−25
☎0550（88）4126
日帰り温泉施設（ドライヤー・シャンプー・ボディソープ）
＊泉質／アルカリ性単純泉　＊効能／神経痛、筋肉痛、慢性消化器病、冷え症など　＊営業／10時〜21時　火曜休（祝日は翌日休）　＊料金／大人1300円（平日割引券持参1000円）　15時以降800円（土日祝日は1000円）

●WC／御殿場駅、富士山御胎内清宏園、たくみの郷

●ランチスポット／弁当持参なら富士山御胎内清宏園の中のベンチで。御殿場御胎内温泉センターにレストランもある。

●バス／御殿場駅前8番線（中畑経由）または9番線（板妻経由）から因野本村行きバスに乗り、御胎内温泉下車（9時〜16時台の毎時1本）。

●問合せ／御殿場市観光協会☎0550（83）4770

大田区

東京港でバードウオッチング

東京港野鳥公園&平和島クアハウス

……平和島駅から平和島公園へ

11月〜12月

埋立地によみがえった自然を利用して、干潟や淡水池、葦原などに集まる野鳥を間近に観察できるよう整備した東京港野鳥公園。渡り鳥が多く飛来する冬は、たくさんの種類のカモなどが観察できる。東京港に出入りする船舶やウオーターフロントのビル群など、橋の上からの眺めも捨てがたい。最後は平和島クアハウスで温まってリラックスしよう。

東京港や羽田空港をひかえた平和島周辺には、倉庫や物流センター、トラックや貨物のターミナルなどが集まる。幹線道路が走る沿線は大型車が多いが、道を一本入ると、旧東海道の古い街並や緑地公園の自然などに出会う。下車駅からバスやモノレールに乗り東京港野鳥公園前まで直行してもいいが、平和島駅から周辺の公園を結んで歩くコースを紹介しよう。

平和島駅を出たら右手の横断歩道を渡って第一京浜国道を横切り、左手のそば

◎モデルコース　1時間10分

●アクセス／京浜急行線平和島駅下車

京浜急行線平和島駅→（10分）平和の森公園→（20分）流通センター→（15分）東京港野鳥公園→（10分）平和島公園→（15分）平和島クアハウス

屋と寿司屋の間を入り、狭い路地を進むと三原通りに出る。旧東海道の跡が残る三原通りは、昔ながらの商店が並ぶ生活道路だ。その通りを左に進み、大森スポーツセンターの角を右折して奥へ進むと平和の森公園に突き当たる。

ネイチャーセンターで野鳥の最新情報を

公園入口を入ったら目の前の芝生広場を横切り右手に進むと、環七通りの都大橋下に出る。環七通りに沿って歩行者用の側道を進み、首都高速羽田線の上をまたぐと、まもなく東京モノレール流通センター駅。流通センタービル内にはコンビニや食堂もあり、弁当なども買える。

流通センター先の大和大橋を渡って、首都高速湾岸線を越えると東京港野鳥公園の看板。入口はその少し先にある。

園内に入ったらまずはネイチャーセンターに行こう。

ここには野鳥の本やビデオなどもあり、野鳥に関する最新情報が得られる。日本野鳥の会のレンジャーやボランティアもいる

東京港野鳥公園の野鳥

▼東京港野鳥公園
＊開園／9時〜16時半（2月〜10月は17時まで）　月曜休（祝日は翌日休）　＊入園料／大人（高校生以上）300円、中学生150円（小学生以下と65歳以上および都内在住・在学の中学生は無料）　＊問合せ／☎03（3799）5031

ので、気軽に声をかけて鳥の名前や見分け方などを教えてもらおう。

ネイチャーセンターの広い窓際には望遠鏡が備えられ、室内から野鳥を観察できる。双眼鏡も貸し出しているので借りてから観察小屋にまわろう。

観察小屋からは潮入の池や淡水池、その周辺の葦原が見える。池にはマガモ、コガモ、オナガガモなどたくさんの種類の水鳥。葦原にはジョウビタキやモズなども飛来し、時にはオオタカやカワセミも姿を現わす。

帰りは来た道を戻り、平和島公園に沿って右へ進み、平和島競艇場方面に出て歩道橋を渡れば平和島クアハウス前に出る。

平和島クアハウスはプールやエアロビクススタジオ、トレーニングルームなども備えた温泉施設で、無料でエクササイズのレッスンも受けることができる（ウエアとシューズは持参）。

帰路はクアハウス前から大森駅または大井町駅行のバスに乗る。平和島駅まで歩くと15分ほどだ。

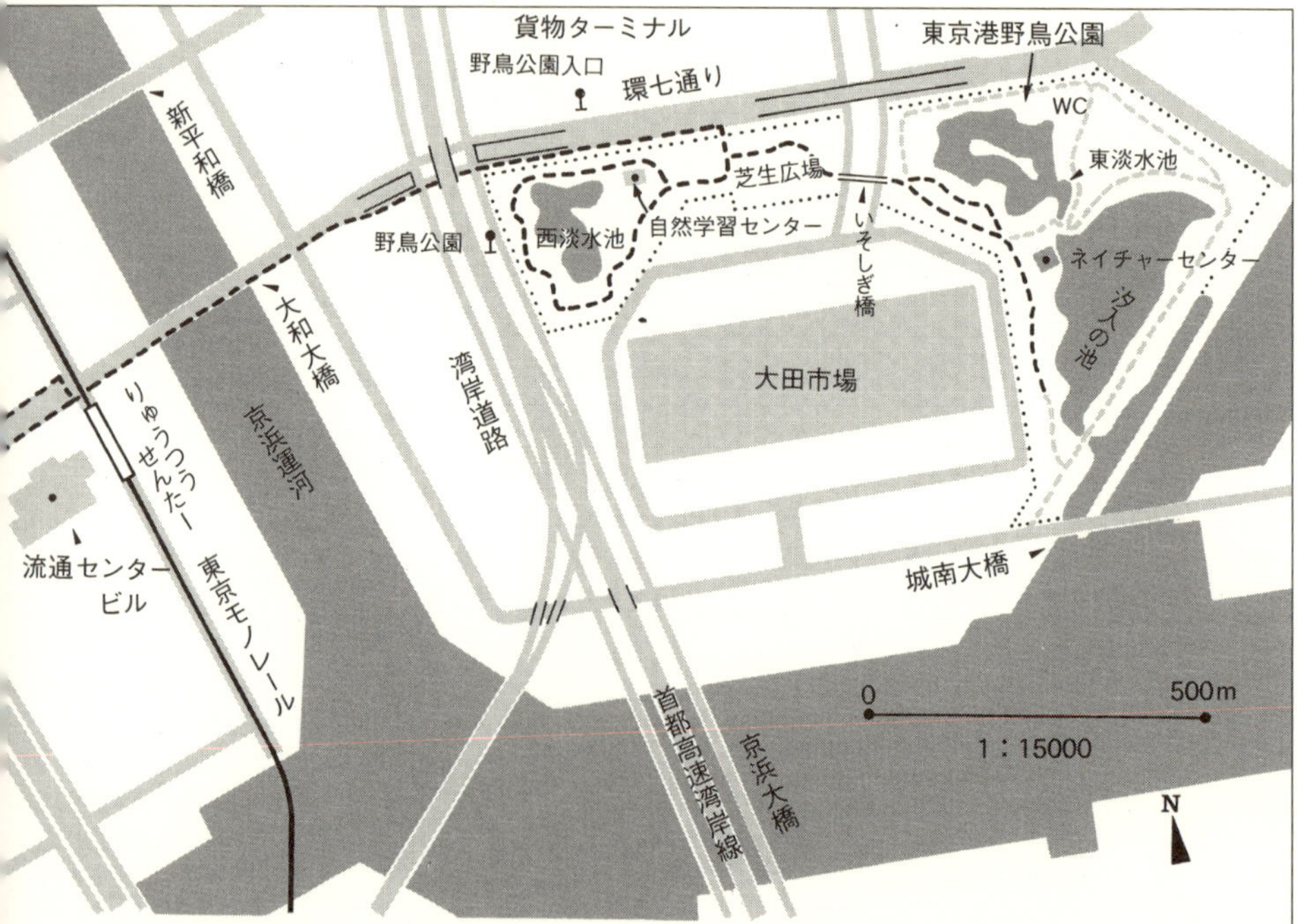

●平和島クアハウス
東京都大田区平和島1−1−1
☎03（3768）9121
日帰り温泉施設（ドライヤー・シャンプー・ボディソープ・タオル）
＊泉質／強塩化物泉　＊効能／神経痛、筋肉痛、打ち身、慢性消化器病など　＊営業／10時〜22時　無休　＊料金／大人2550円、小人（4才以上小学生以下）1224円、幼児630円。平日の午前中または18時以降入場は1800円　＊設備／13種の浴槽のほかプール、エアロビクススタジオ、トレーニングルーム、レストランなどもある

●WC／平和島駅、平和の森公園、東京港野鳥公園、平和島公園

●ランチスポット／お弁当は東京港野鳥公園内の芝生広場またはネイチャーセンター1階のテーブル席で。平和島クアハウス内にもレストランがあり、食事とセットの割引券もある。

●野鳥公園へ行くには／JR京浜東北線大森駅東口または京浜急行線平和島駅から京急バス「京浜島循環」「城南島循環」、「大田市場」行きで野鳥公園下車。

●問合せ／大田区役所☎03（5744）1111

平和島クアハウス

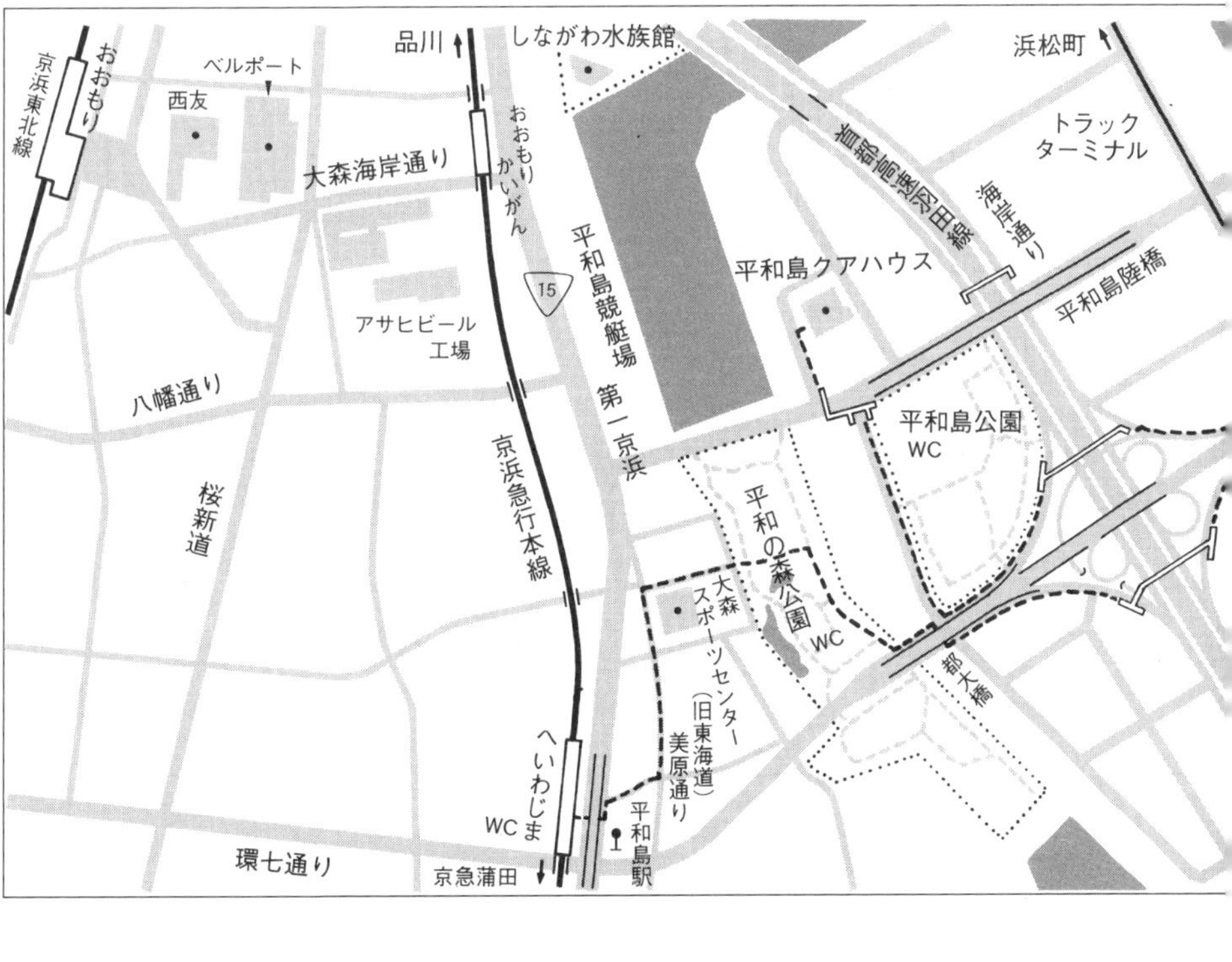

伊勢原市

紅葉に染まって大山参り

大山阿夫利神社&こまや旅館

……追分駅から二重の滝、見晴台へ

11月下旬～1月初旬

大山は信仰の山として古い歴史を持ち、江戸時代には大山参りが盛んに行われた。参道沿いに立ち並ぶ宿坊や参詣記念碑などに、かつての賑わいがしのばれる。阿夫利神社下社から見晴台まで足を延ばせば、大山や丹沢の山々が一望でき、晩秋の紅葉もいい。大山参りの後は、大山登山口にオープンしたての大山温泉こまや旅館で温まって帰ろう。

伊勢原駅北口へ出て、「大山ケーブル駅」行きバスに乗り終点下車。参道入口にある「大山《おおやま》不《ふ》動尊《どうそん》参道」の看板にはケーブル駅まで５５０ｍとある。階段が続く参道の両側には、土産物店や食堂、宿坊などが並び、名物の大山独楽（コマ）や大山豆腐、猪鍋などの看板が多く見られる。

ケーブルの追分駅から阿夫利《あふり》神社下社《しもしゃ》までケーブルに乗ると7分、歩けば40分だが、行きは歩いて途中大山寺に立ち寄ろう。追分から先は勾配のきつい男坂と

◎モデルコース　2時間35分

●アクセス／小田急線伊勢原駅北口からバス「大山ケーブル駅」行きで終点下車。

大山ケーブル駅参道入口→（20分）ケーブル追分駅乗り場→（40分）下社駅→（30分）見晴台→（30分）下社→（ケーブル5分）追分駅→（30分）こまや旅館

比較的楽な女坂に分かれる。女坂コースを進み、渓流にかかる小さな橋を渡って静かな山道をたどる。

春日局も参詣した関東三大不動

苔むした石段の道を上りきると、前不動明王のお堂前に出る。その奥の階段を上ると大山寺本堂前。そのあたりはモミジが多く紅葉の名所だ。女坂とはいえ、その先の下社まではきつい上りが続く。休み休みゆっくり行こう。

女坂の爪きり地蔵

大山寺は、春日局《かすがのつぼね》も参詣したという古刹で、関東三大不動の一つに数えられる。本堂でお参りを済ませたら右へ進み、赤い無明橋を渡って、さらに20分ほど登ると阿夫利神社入口の広場に至る。

広場には茶店が並び賑やかな呼び声がかかる。その前を過ぎて階段を登ると、阿夫利神社下社の赤い社殿が目の前に現れる。振り返ると眼下に伊勢原の街が広がり、晴れた日は大島も見える。

本社・奥の院のある大山山頂へは、下社

▼阿夫利神社

大山は古くから雨乞い信仰の山として知られる。中腹に下社、山頂に本社（奥の院）がある。明治初期、神仏分離令により阿不利神社と大山寺とに分けられた。

▼雨降山《あふりさん》大山寺（大山不動尊）

天平勝宝七年（七五五）、奈良東大寺の別当、良弁僧正の創建と伝えられる。本尊の不動明王と二童子の鉄像は国の重要文化財。成田不動、高幡不動と並び関東三大不動の一つ。関東三十六不動の第一番札所。　＊問合せ／伊勢原市商工観光振興課☎０４６３（94）４７１１

左手にある登山口の門をくぐって階段を上るが、勾配がかなりきついので健脚向きだ。ハイキング気分を味わいたいなら、下社下の茶店の横を入り、二重の滝を経て見晴台まで往復するといい。片側が谷に落ち込む山道は注意が必要だが、1時間ほどで往復できる。

大山登山口に湧いた初の温泉

見晴台からは大山山頂を仰ぎ、丹沢の山々を望むことができる。テーブルやベンチもあるので、お弁当を広げるならここで。

見晴台で眺望を楽しんだ後は、来た道を引き返し下社まで戻る。下社駅からケーブルで追分まで下り、バスの発着所を過ぎて渓流沿いに下ると、途中に良弁滝や紅葉滝もある。大山温泉こまや旅館は市営大山第1駐車場の先だ。

天然温泉の赤い幟《のぼり》が立つ大山温泉は、大山登山口に湧いた初の温泉で、二〇〇一年一月にオープンしたばかり。泉質もよく新しい展望露天風呂が気持ちよい。

帰路は、少し下った社務所前バス停からバスに乗り、伊勢原駅まで戻る。

阿夫利神社下社

●大山温泉こまや旅館
神奈川県伊勢原市大山920
☎0463（95）2010
温泉旅館（ボディソープ・タオル）
＊泉質／カルシウム・ナトリウム－塩化物・硫酸塩泉　＊効能／切傷、火傷、慢性皮膚病、動脈硬化症など
＊営業／10時～15時　水曜休　＊料金／1050円　食事（釜飯）つき2200円（入浴料込み）

●WC／伊勢原駅、バス発着所大山ケーブル駅、阿夫利神社下社

●ランチスポット／お弁当を広げるなら見晴台で。下社下の茶店では軽い食事もできる。豆腐料理など名物料理を味わうなら、ケーブル追分駅を少し下ったかんき楼。とろろ飯や湯豆腐定食1000円前後。
＊問合せ／かんき楼☎0463（95）2005

●問合せ／伊勢原市商工観光振興課
☎0463（94）4711

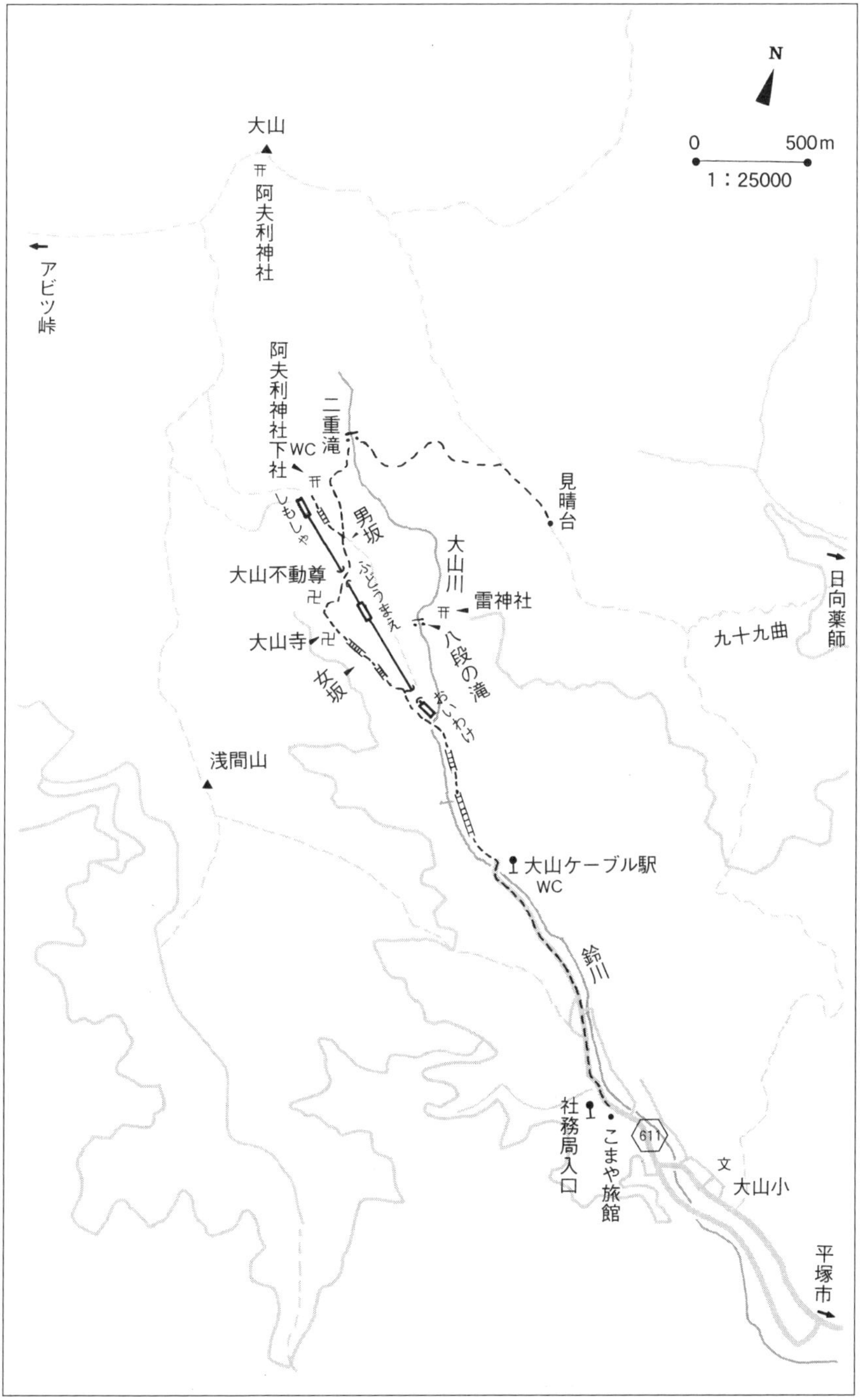
N
0
500m
1：25000
大山
阿夫利神社
アビツ峠
阿夫利神社下社
WC
二重滝
見晴台
男坂
しもしゃ
大山不動尊
ふどうまえ
大山川
雷神社
八段の滝
大山寺
女坂
おいわけ
九十九曲
日向薬師
浅間山
大山ケーブル駅
WC
鈴川
社務局入口
こまや旅館
611
文
大山小
平塚市

春日部市

日光街道タイムトラベル

粕壁宿&かすかべ湯元温泉

……春日部八幡神社から古利根川へ

12月～2月

春日部は、日光街道四番目の宿場町「粕壁宿」として栄えた。春日部八幡神社や寺町を形成する一角など、旧街道の面影を残す史跡が集まっている。特産の押絵羽子板でも知られ、12月は酉の市や羽子板まつりも行われる。日光道の史跡をめぐって、市内に湧いたかすかべ湯元温泉へ。広々とした温泉で湯めぐりを楽しんでいこう。

東武野田線八木崎駅からスタート。藤棚の脇をまっすぐ歩くと、「春日部八幡神社表参道」の大きな案内板が出ている。正面の大イチョウに向かって石畳の参道を進み、本殿の前にたたずむと背筋がシャキッとするようだ。本殿の脇から稲荷神社に出ると横に富士塚がある。神社の参道から道に戻り、踏切を渡る。妙楽院、成就院と寺院が続く寺町を経て最勝院へ。境内では明治に入ってから小学校が開設され、大相撲の巡業が行われたという。

◎モデルコース　約1時間5分

●アクセス／東武野田線八木崎駅下車

東武野田線八木崎駅→(5分)春日部八幡神社→(15分)最勝院→(10分)碇神社のイヌグス→(10分)郷土資料館→(15分)春日部駅西口→(バス10分)かすかべ湯元温泉

▼春日部八幡神社

元弘年中（一三三一～一三三四年）にこの地域の武将、春日部氏が鎌倉の鶴岡八幡宮を勧請したものと伝えられ、氏の領地であった新方領の総鎮守となっている。参道前には「参道入口」の道標石と在原業平の故事にちなむ都鳥の碑が立つ。1月15日にどんと焼きが、2月3日に節分祭が開催される。

新町橋（西）交差点から、かすかべ大通りに出て古利根公園橋へ向かう。商店の続く通りは歩道が広く、街灯がオシャレだ。

春日部特産の押絵羽子板

古利根川にかかる公園橋にはオブジェや噴水、彫刻がある。川を眺めるとユリカモメやカモの姿が見られる。水鳥を見ながらベンチで休憩していくといい。橋の手前を川沿いに歩くと春日橋の先に碇《いかり》神社のイヌグスがある。地面にしっかりと根を張る老木の姿には威厳を感じる。

大通りに出て春日部市郷土資料館へ。ロビンソン百貨店の前を過ぎ、次の信号を右へ曲がると教育センターの1階が郷土資料館になっている。ここには粕壁《かすかべ》宿の宿場模型があり、当時の粕壁宿の様子や人々の暮らしがよくわかる。

大通りに戻り春日部駅を目指す。道沿いに特産の押絵羽子板の店があり、鮮やかな色彩と伝統の手技に足が止まる。駅へ続く広い歩道には彫刻やモニュメントが設置さ

春日部八幡神社

▼浜川戸富士塚

通称「浅間山」と呼ばれる。春日部市内で最も大きな富士塚。高さ8・2m、周囲200mに及ぶ。富士塚は江戸時代に隆盛を極めた富士講という富士山を信仰の対象とする団体によって築かれたもの。

▼碇神社のイヌグス

イヌグスは中部以南の海岸地に多く自生する常緑高木。高さ12m、幹回り4・4mあり、イヌグスでは巨木になる。推定樹齢六百年で埼玉県の天然記念物に指定されている。

れ、アートにふれることができる。春日部駅東口交番の脇を入り、SATYの先でカラフルな地下道を渡る。駅の西口に出たら、かすかべ湯元温泉までバスで移動しよう。

2番乗り場から「かすかべ温泉」行きに乗って約10分。終点で降りると目の前が温泉だ。

3770坪の温泉施設

かすかべ湯元温泉は建坪が3770坪もある大きな施設。温泉大浴場には打たせ湯、バイブラバス、ジェットバスなどを備え一つ一つの浴槽がゆったりしている。自然石に囲まれた露天風呂もまた広い。寒い時期は露天に出ると一瞬身が引き締まるが、お湯につかるとじわっと温まり、頬にあたる風が心地よい。水着で入るテルメは天井が高く、窓からサンサンと陽が差し込む。渦巻き風呂、ジャグジーなどが楽しめるので、ぜひ水着持参で出かけよう。

帰りは温泉の前から春日部駅西口まで路線バスを利用するか、豊春駅、一の割駅まで送迎バスを利用してもいい。

かすかべ湯元温泉

●かすかべ湯元温泉
埼玉県春日部市下大増新田66－1
☎048（733）1126
日帰り温泉施設（ドライヤー・シャンプー・ボディソープ・タオル）
＊泉質／アルカリ性単純温泉　＊効能／神経痛、筋肉痛、冷え性、疲労回復など　＊営業／10時～翌8時半無休　＊料金／大人2300円、小学生以下1000円

●WC／八木崎駅、古利根公園橋の手前、教育センター、春日部駅西口

●ランチスポット／お弁当なら古利根公園橋のベンチで。春日部駅周辺には食べるところが多く、かすかべ湯元温泉内にも和食、洋食、中華、ファーストフードなどの店がある。

●冬の行事／12月14日には粕壁神明神社で酉の市が、23、24日には春日部駅東口周辺で羽子板まつりが開催される。

●問合せ／春日部市商工課☎048（736）1111

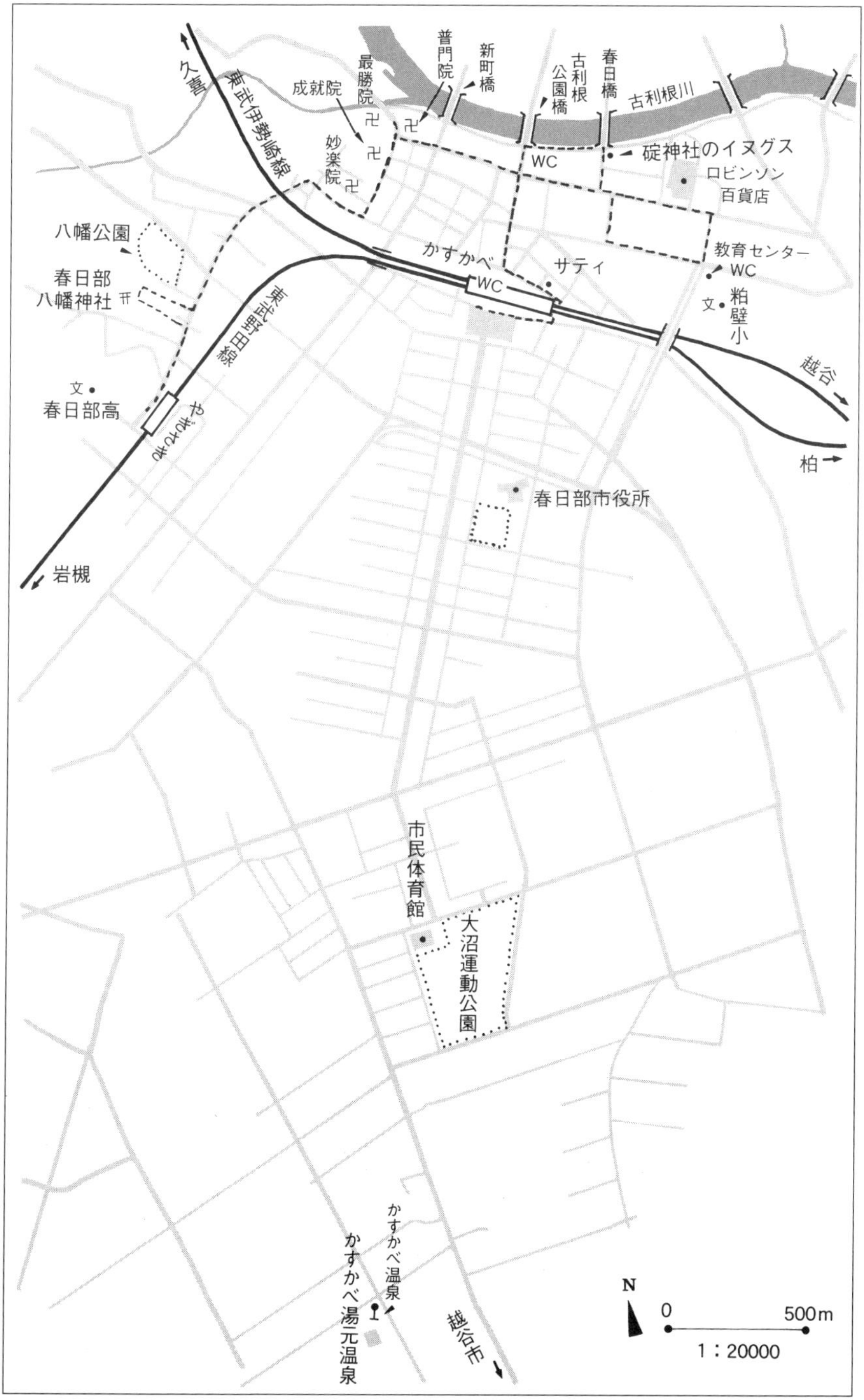
久喜
東武伊勢崎線
成就院
最勝院
妙楽院
普門院
新町橋
古利根公園橋
春日橋
古利根川
WC
碇神社のイヌグス
ロビンソン百貨店
八幡公園
春日部八幡神社
かすかべ
WC
サティ
教育センター
WC
文
粕壁小
東武野田線
文
春日部高
やぎさき
越谷
柏
春日部市役所
岩槻
市民体育館
大沼運動公園
かすかべ温泉
かすかべ湯元温泉
越谷市
N
0
500m
1：20000

木更津市

切られ与三が、しょじょじの狸が
東京湾&スパ三日月
……木更津駅から中の島公園へ

12月〜2月

温暖な気候の木更津は冬のウオーキングに最適。「狸ばやし」で馴染みのある證誠寺など、意外にも民話の多い街だ。史跡を訪ねながら中の島大橋まで歩くと目の前に東京湾が広がる。東京湾アクアラインや富士山を望む絶好のロケーション。港町を歩いた後はスパ三日月龍宮城へ向かい、海を望むワイドな温泉でゆっくりすごそう。

木更津駅西口に出る。ロータリーの左に観光案内所があるので、付近の地図を入手しておくと便利。富士見通りを歩くとすぐ光明寺。ここに歌舞伎「与話情浮《よわなさけうき》名横櫛《なのよこぐし》」に登場する切られ与三郎の墓がある。お寺の前で押しボタン信号を渡り、レンガ敷きの細い道を入る。横丁の風情を楽しんでいると、商店の並ぶみまち通りに突きあたる。右へ行くと八劔《やつるぎ》八幡神社。「八幡さま」として親しまれ、お正月は多くの参拝者で賑わうという。

▼与話情浮名横櫛
木更津に伝わる実話をもとに書かれた狂言で、与三郎のモデルになったのは山武郡増穂村（現大網白里町）の紺屋の次男、大吉で木更津の紺屋で働いていたという。光明寺の近くの選擇寺には与三郎の相棒、こうもり安の墓がある。

◎モデルコース　1時間25分

●アクセス／JR内房線木更津駅下車

木更津駅西口→（5分）光明寺→（5分）八劔八幡神社→（5分）證誠寺→（10分）鳥居崎公園→（15分）中の島公園→（25分）木更津駅西口→（5分）スパ三日月送迎バス乗り場→（送迎バス15分）スパ三日月

港町で潮風に吹かれる

神社前の道を行き、證誠寺《しょうじょうじ》を目指す。「しょ、しょ、證誠寺」の童謡でお馴染みのお寺。木更津が「狸ばやし」の舞台とはあまり知られていない。本堂はマツ、スギ、ヒノキなどに囲まれ、生い茂った笹の間から今にも狸が出てきそう。境内には狸塚と童謡の碑がある。道を戻り港の方へ向かう。合同庁舎の先が鳥居崎公園。「与話情浮名横櫛」の主人公お富と与三郎が逢瀬を楽しんだという「見染の松」や木更津甚句記念碑がある。ベンチでひと休みして中の島大橋へ。

證誠寺の狸塚

信号を渡り富士見大橋の手前を入っていくと木更津のシンボル、中の島大橋。自転車と歩行者専用の橋で、目の前に広がる東京湾の眺めがすばらしい。潮風に吹かれ、行き交う船や木更津港を望む。橋を渡ると中の島公園。潮干狩の時期は大勢の人が訪れる。

橋を戻り木更津港の脇を通る。磯料理の店があり港町のたたずまい。富士見通りを

▼證誠寺

寺に伝わる狸の伝説は群馬県館林市茂林寺の「分福茶釜」、愛媛県松山市の「八百八狸物語」と並んで日本三大狸伝説の一つに数えられる。野口雨情作詞、中山晋平作曲の「證誠寺の狸ばやし」は、愉快な童謡として多くの人に親しまれている。

戻って木更津駅へ。駅の階段を上って東口に出る。あけぼの通りを歩き、表示はないが、ろばた焼きあかちょうちん前、暁星国際学園バス乗り場付近で待っているとスパ三日月の送迎バスが来る。バスで約15分。東京湾が見えてきたなと思ったら、浦島太郎の物語にある「竜宮城」のような建物が見えてくる。乗用車2000台が収容できる広大な敷地の奥が温泉施設だ。

1600平方mの浴室

スパ三日月は二〇〇〇年七月にオープン。建物は5階建てで1階に和風の龍宮の湯、3階に富士の壁画を飾った富士の湯がある。いずれも東京湾を展望できるぜいたくなお風呂で男女が月ごとに入れ替わる。訪れた日は龍宮の湯。浴室に入ると1600平方mの広さにあっと驚く。80mに及ぶ大きなガラス窓から東京湾が見え、空気の澄んだ冬は富士山が望める日も多いという。一周150mの流水風呂にはバイブラバス、打たせ湯、ジェット浴など25種類のバリエーションがあり、歩行浴や気泡浴ができる。

露天風呂「観月」も広い。楊貴妃の真珠風呂、珈琲風呂、薬湯など湯めぐりしながら石組み露天風呂につかると東京湾アクアラインが目の前に見える。館内には水着で入るアクアパークもあり、全長70mのウオータースライダー、25mプール、ジャグジーなどが楽しめる。帰りは木更津駅まで送迎バスを利用しよう。

スパ三日月龍宮城

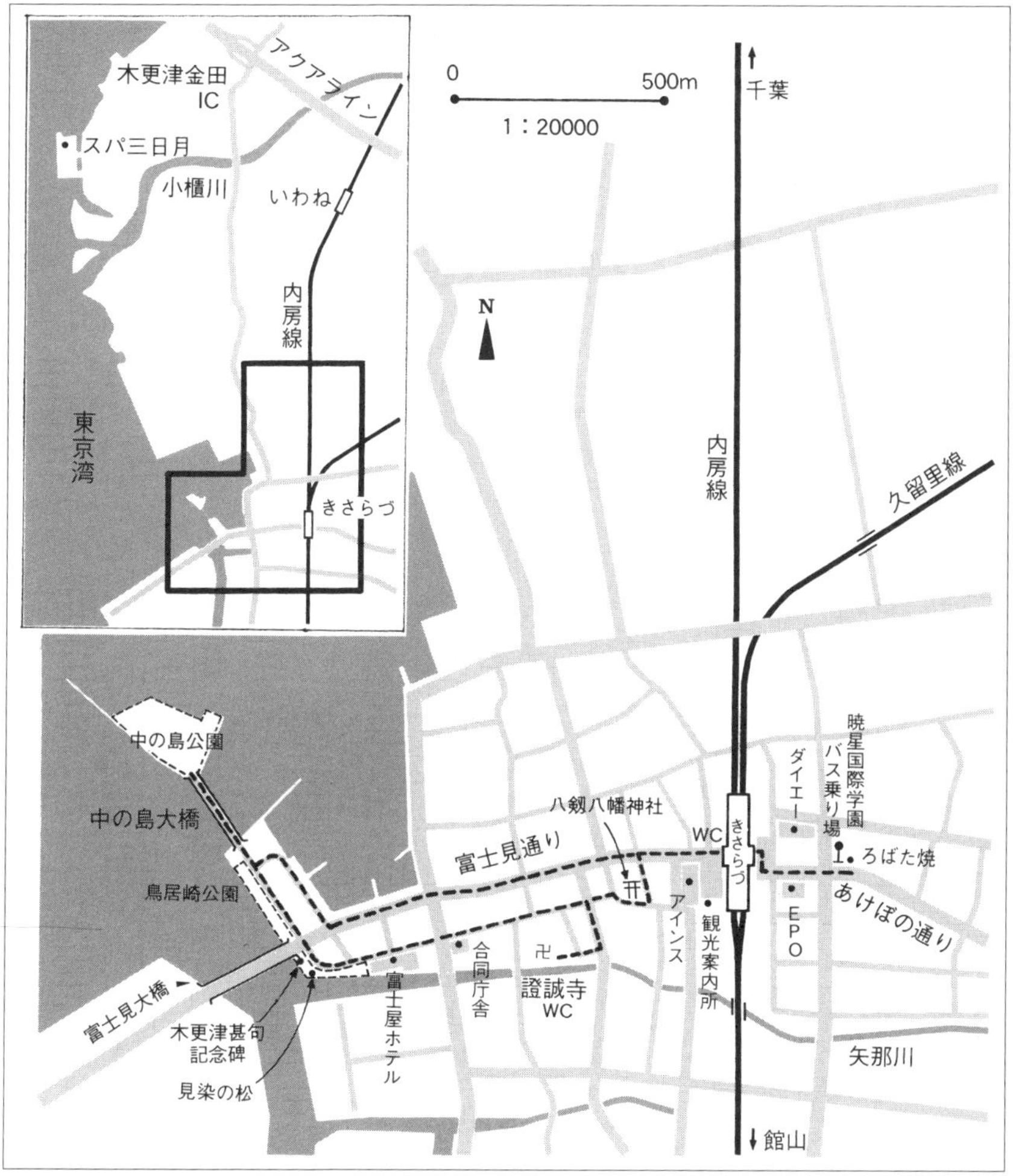

●木更津温泉スパ三日月龍宮城
千葉県木更津市北浜1
☎0438（41）8111
日帰り温泉施設（ドライヤー・シャンプー・ボディソープ・タオル）
＊泉質／ナトリウム－塩化物強塩温泉　＊効能／神経痛、筋肉痛、関節痛、五十肩、慢性消化器病など
＊営業／平日10時～24時　土日祝9時～24時　＊料金（税別）／平日大人2300円、子供1400円　土日祝大人2800円、子供1900円　館内着レンタル含む　水着レンタル500円

●WC／木更津駅西口、證誠寺

●ランチスポット／お弁当なら鳥居崎公園で。木更津駅周辺には店も多く、スパ三日月では和食、洋食、中華、バイキング、テイクアウトラウンジなど予算に応じて食事ができる。

●送迎バス／木更津駅発は10時45分～18時45分まで1時間ごとに出ている（13時台を除く）。

●問合せ／木更津市観光協会☎0438（23）7111

1月

江戸下町情緒にどっぷりと
谷中七福神めぐり＆水月ホテル
……………田端から不忍池へ

新しい年を迎え、初歩きは縁起のいい七福神めぐりといこう。谷中七福神は江戸で最も歴史が古い。昔ながらの民家や寺社、文人の碑などが集まる道は散策におすすめだ。江戸情緒の残る谷中のお寺を訪ね歩き、七徳のご利益を願えば一年間元気で過ごせそう。帰りは、不忍池に近い水月ホテル鷗外荘の天然温泉で温まっていこう。

田端駅北口に出て、アスカタワー前の道を行く。高い石崖を過ぎ、商店街に入って信号を右へ曲がると東覚寺。福禄寿《ふくろくじゅ》がまつられている。境内には威厳ある赤紙仁王尊が立つ。隣りが八幡神社で参道に各町会の神輿《みこし》を納めた蔵が並んでいる。信号を渡り、車の往来を避けて滝野川信金の角を入る。千歳湯まで歩いたらエントツを背にまっすぐ行く。山手線の内側なのに車の往来も少なく静かだ。下町の民家が続く道に心がなごむ。西日暮里四丁目の交差点を渡り、向かいの道に入

◎モデルコース　1時間15分

●アクセス／JR山手線・京浜東北線田端駅北口下車、帰りは千代田線根津駅またはJR上野駅を利用

田端駅北口→（5分）東覚寺→（15分）青雲寺→（5分）修性院→（10分）天王寺→（5分）長安寺→（10分）護国院→（15分）弁天堂→（10分）水月ホテル鷗外荘

▼谷中七福神
江戸時代から正月に七福神詣でが盛んに行われるようになり、谷中七福神の起源は江戸中期まで遡る。七福神めぐりは1月1日～15日まで。御朱印200円。

ると恵比須様の青雲寺。重層造の本堂は瓦屋根がみごとで風格がある。境内に滝沢馬琴《ばきん》の筆塚の碑がある。

檜の湯と大理石風呂

次の修性院はすぐ近く。布袋《ほてい》堂にユーモラスな姿の木造布袋尊像がまつられている。富士見坂を過ぎて谷中銀座に出ると豆大福やお惣菜などの店が軒を連ねる。気さくな商店街の雰囲気につい、足が向いてしまう。七面坂の階段を上り日暮里駅へ。駅のホームを見ながら階段を上っていくと毘沙門天《びしゃもんてん》の天王寺にたどり着く。広い境内と大仏様が印象的。

天王寺

谷中墓地を通り、寿老人《じゅろうじん》の長安寺へ向かう。門の大きなマツが目印になる。道筋に質屋を利用したアンティークなギャラリー、小倉屋があるので覗いてみるといい。このあたりは昔ながらの民家が残り、都心とは思えない閑静な場所。散策におすすめだ。

信号に出たら右へ。初音幼稚園の前を横断して、園舎を背にまっすぐ行くと瑞輪寺

▼富士見坂
都内に残る「富士見」の地名で富士の望める貴重な場所。残念ながらマンションの建設で富士の全貌は見えなくなってしまったという。

▼谷中墓地
明治の実業家渋沢栄一、日本画家横山大観など著名人の墓が多数ある。霊園の中央には幸田露伴の小説「五重塔」のモデルになった天王寺五重塔跡がある。

▼すぺーす小倉屋
質屋の店舗は江戸期、3階建の土蔵は大正期に建てられたもの。建物は有形文化財に登録されている。

など谷中のお寺が続く。谷中六丁目の信号で護国院に突き当たる。ここは大黒天のお寺で本堂は江戸時代の建築。境内に能楽堂がある。

不忍池《しのばずのいけ》方面へ歩き最後のお寺、弁天堂を目指す。都立上野高校の正門前から清水坂を下る。上野動物園の脇を通り、不忍池まで来るとさすがに人が多い。池に集まるカモやユリカモメも賑やかだ。

弁天堂で線香の香りに包まれ、弁財天を拝む。弁天堂の裏に出てボート池に沿って歩き、不忍通りへ。弥生会館前から水月ホテル鷗外荘の脇に出る。

ホテルの大浴場には、樹齢二千年の檜《ひのき》の無垢材に漆を塗って仕上げた檜の湯と大理石風呂があり毎日男女が入れ替わる。重炭酸ソーダの温泉は、うっすらと茶色がかった色。七福神詣での後にぜいたくなお湯につかると、何だかご利益が増すようだ。入浴は午後三時からなので、早く着いたらカフェテラスでゆっくりするといい。中庭には「舞姫」などの作品で知られる森鷗外の邸宅跡がある。

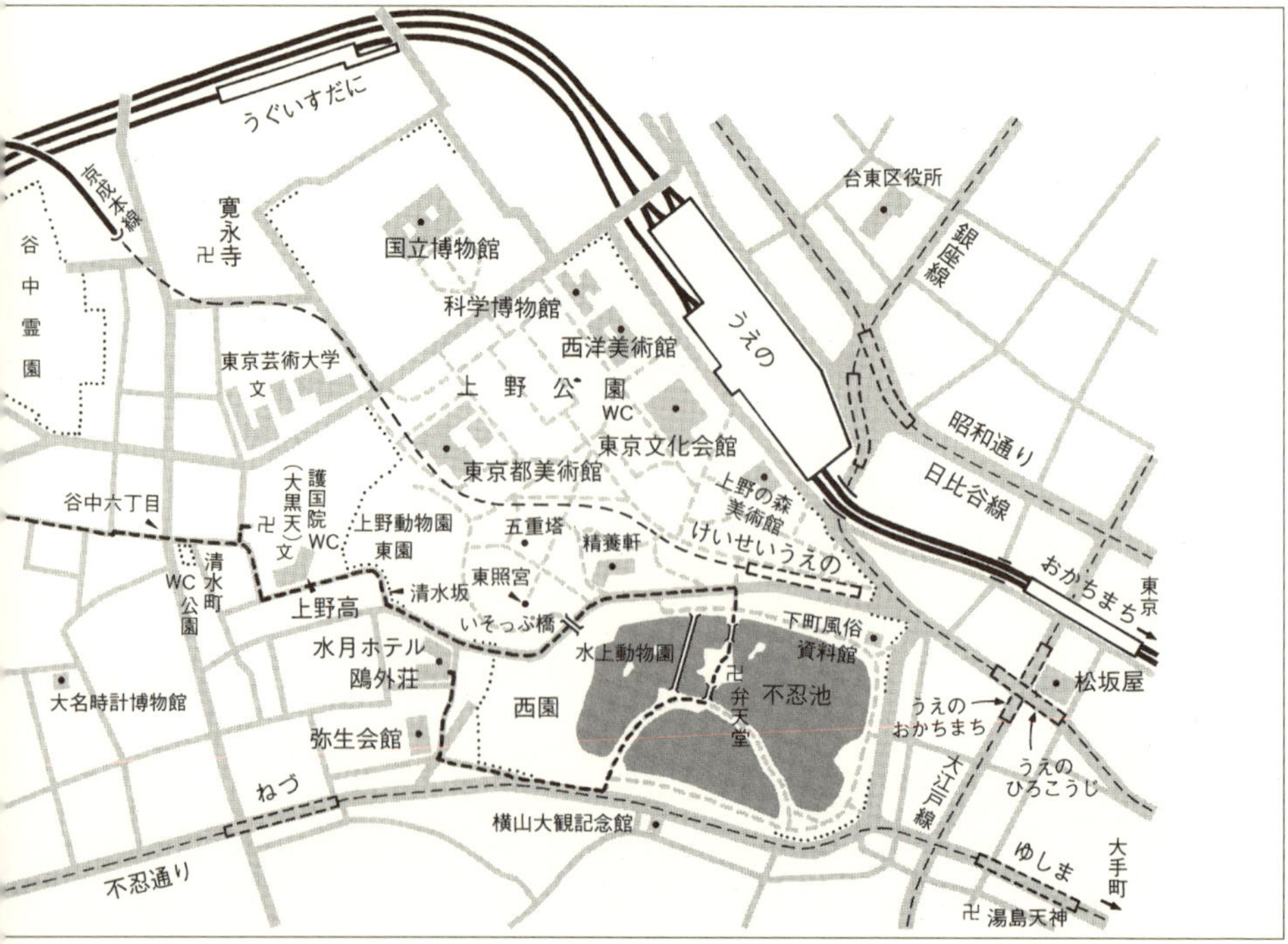

●水月ホテル鷗外荘
東京都台東区池之端3−3−21
☎03（3822）4611
シティホテル（ドライヤー・シャンプー・ボディソープ・タオル）
＊泉質／重炭酸泉　＊効能／神経痛、リュウマチ、胃腸病など
＊入浴／15時〜23時　＊料金／一人1000円

水月ホテル中庭の鷗外荘

●WC／田端駅前、清水町公園、護国院、上野公園内
●ランチスポット／谷中銀座周辺と弁天堂付近に食べるところがある。
●問合せ／護国院☎03（3821）3906

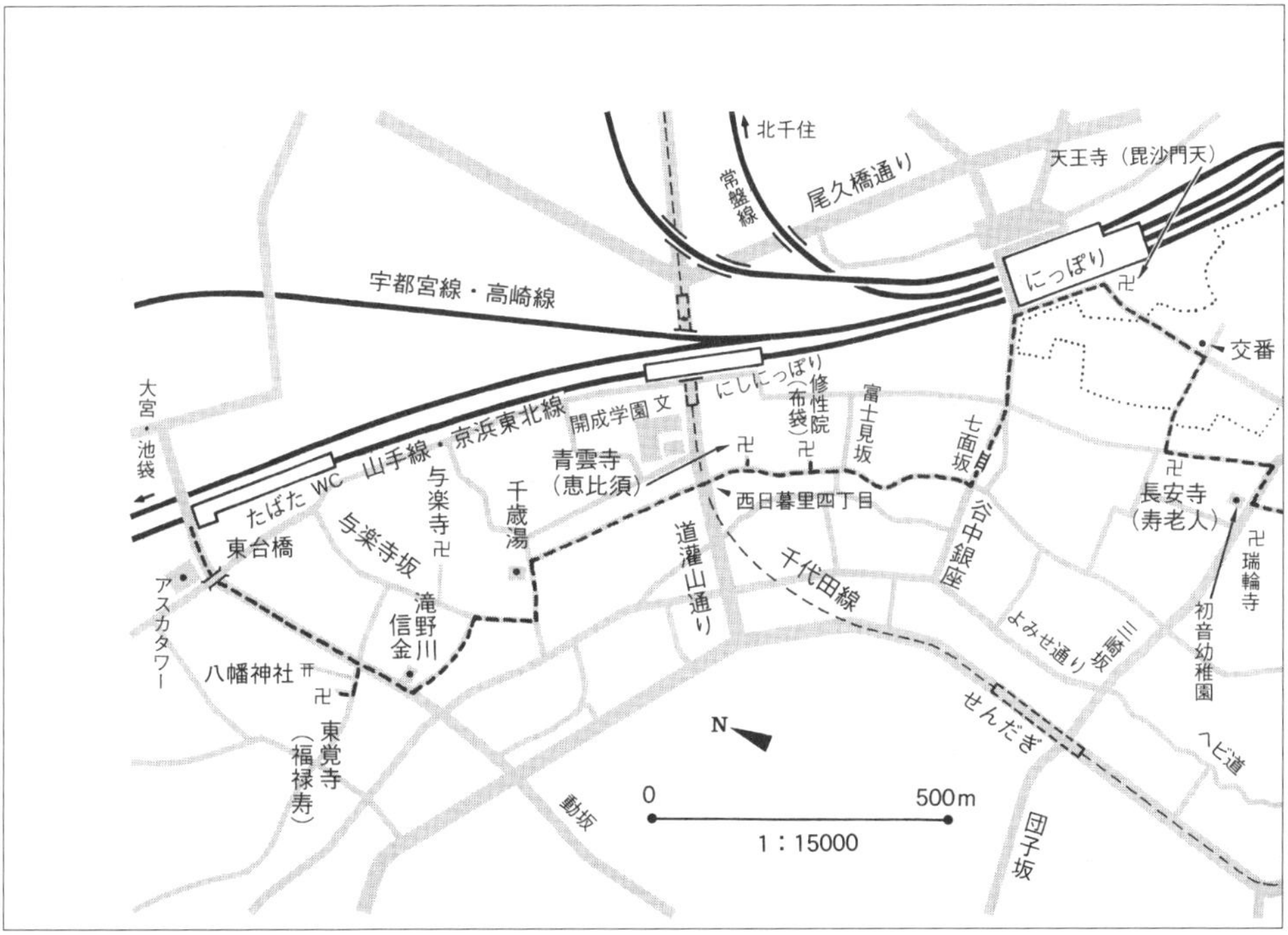

熱海市

早咲きの梅ほころぶ

熱海梅園＆日航亭大湯

……温泉街を抜けて熱海サンビーチへ

1月中旬〜2月下旬

いち早く咲く梅や熱海桜を愛でつつ、温泉街に点在する史跡や美術館などをめぐるコース。気候温暖で風光明媚な熱海は古くから温泉保養地として開け、文人墨客も多く訪れた。相模湾に面した街は海に向かって階段状に開け、初島や大島を望む海の眺めもすばらしい。最後は、温泉街のホテルや旅館が趣向を凝らすお風呂で温泉を堪能しよう。

◎モデルコース　1時間15分

●アクセス／JR東海道線熱海駅下車

熱海駅→（25分）熱海梅園→（10分）来宮神社→（10分）日航亭・大湯間歇泉→（15分）熱海サンビーチ→（15分）熱海駅

熱海駅を出て右手の土産店が並ぶ平和通り商店街を抜け、旅館やホテルが並ぶ通りを来宮《きのみや》方面に進む。「梅園まで８００ｍ」の看板がある静観荘前の信号を右折し、直進すると来宮駅前。駅前を通り過ぎカーブした坂道を上って、西熱海ホテルの前を通り過ぎると、まもなく熱海梅園前に出る。

熱海梅園は歴史が古く、樹齢百年の古木も多い。谷あいの渓流沿いに咲き競う紅白の梅は、枝ぶりもなかなか風情がある。茶店や土産店が立ち並ぶ通路を右へ

▼熱海梅園

一万坪の敷地に約千三百本の梅の古木があり、日本一早く梅が開花する。明治一九年（一八八六）に造園され百年以上の歴史を持つ。梅の見ごろ、梅まつりは1月中旬から3月中旬。＊問合せ／熱海市観光協会☎０５５７（85）２２２２

進むと、奥に中山晋平記念館。東京音頭などの作曲で知られる氏の愛用のピアノや遺品が展示されている。記念館の前の橋を渡ると、滝の裏から梅を鑑賞できる梅見の滝があり、洞窟の中の通路をたどって滝ごしに見る梅も風流だ。

樹齢二千年のオオグス

滝の左手から階段を上ると澤田政廣記念館前に出る。熱海出身の彫刻家の力強くダイナミックな木彫を中心に油彩、書など多彩な作品が展示され見応え十分だ。

熱海梅園

梅園を出て左に進むと、まもなく丹那トンネル工事で亡くなった殉職者の碑。眼下には線路と来宮駅が見え、線路は足元のトンネルの中に吸い込まれる。先へ進み線路沿いに進むと、まもなく来宮神社の鳥居が見えてくる。来宮神社は歴史が古く、本殿の裏手に立つ樹齢二千年のオオグスの古木は一見の価値がある。今も鬱蒼《うっそう》と葉を繁らせるたくましい幹を見ていると、畏敬の念を覚えるほどだ。

来宮神社を出てガード下をくぐり、信号

▼中山晋平記念館
大正～昭和初期、雨降りお月さん、東京音頭、船頭小唄など数多くの曲を生み出した作曲家・中山晋平が晩年をすごした住居を移築し、愛用のピアノや遺品を展示している。
＊開館／10時～15時半　無料

▼澤田政廣記念館
熱海市出身の彫刻家・澤田政廣の作品を集めた美術館。仏像彫刻などの木彫作品をはじめ油彩、書、ステンドグラスなど幅広いジャンルの作品数千点が展示されている。　＊開館／9時～16時半　月曜休（祝日は開館）　＊入館料／大人310円、学生210円、子供100円　＊問合せ／☎0557（81）9211

を渡って宮益坂を下る。「大湯間歇泉《かんけつせん》・熱海サンビーチ方面」の標識を左折すると、まもなく湯前《ゆぜん》神社。千数百年前、海中に湧きだした温泉を山腹に移し換えまつった湯前神社は、今も岩の間から温泉が溢れ出している。その手前角にある日航亭大湯は、日帰り温泉で露天風呂もある。先へ進むと世界三大間歇泉に数えられる大湯間歇泉。その筋向かいの魚屋2階の和食屋「魚竹」は、手頃な値段で新鮮な魚料理が味わえる。

温泉街の中心、銀座通りを抜け国道を渡ると、海に突き出した公園・熱海ムーンテラスに出る。テラスのデッキからは初島や大島も見え、振り返ると熱海サンビーチの砂浜とホテル群が眺められる。

砂浜を歩いて国道に出ると、道端に「金色夜叉《こんじきやしゃ》」の貫一お宮の像。その途中に熱海市観光協会もあるので、日帰りで利用できる温泉施設の情報を入手するとよい。

ここから駅に戻るにはつるやホテルの並び、「お宮の松」バス停横の階段を上り、坂道や階段が続く路地を上っていくと、15分ほどで駅前通りに出る。

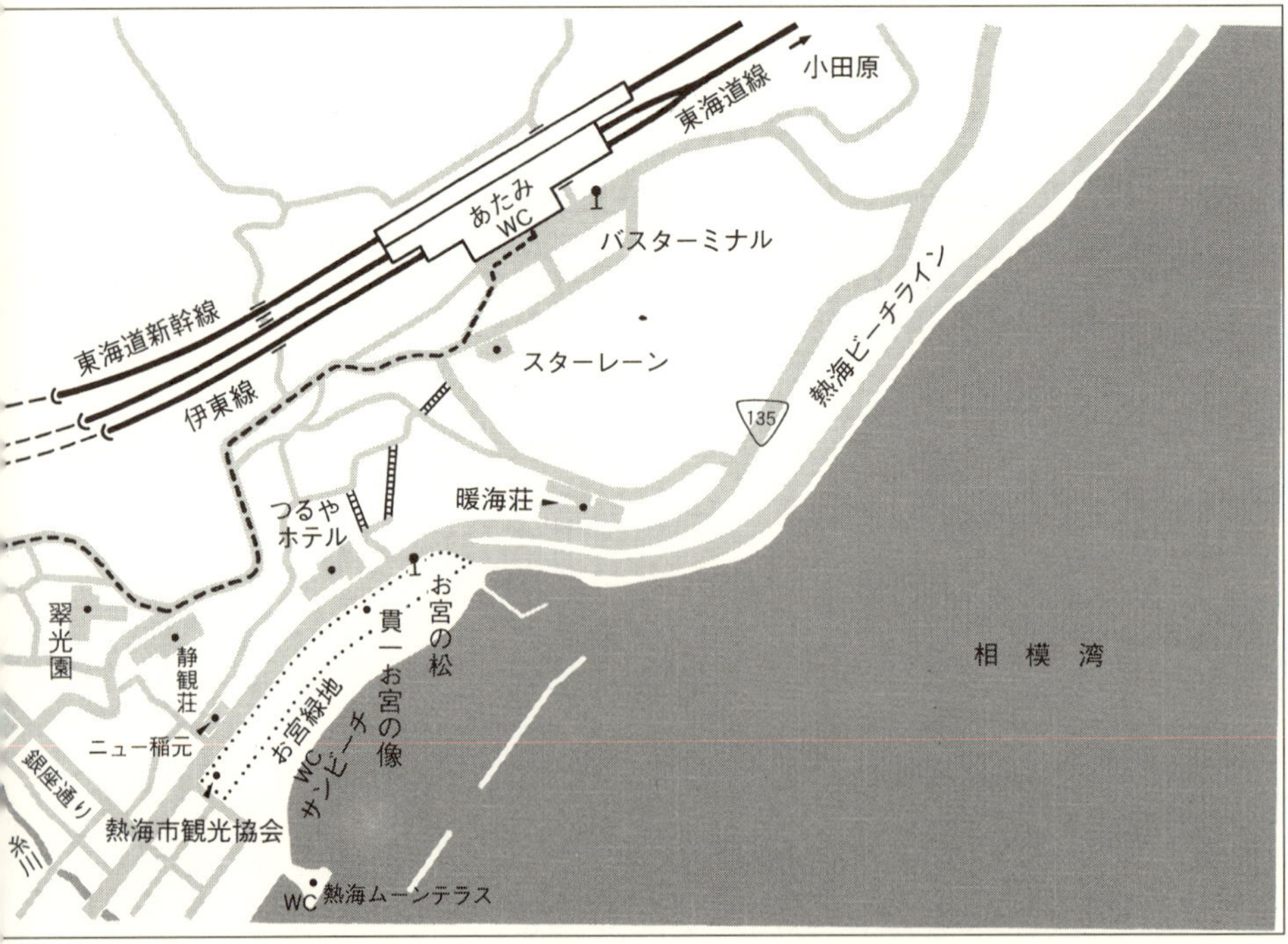

湯前神社の温泉噴出口

●日航亭大湯
静岡県熱海市上宿町5-26
☎0557（83）6021
日帰り入浴施設（ドライヤー・シャンプー・ボディソープ）
＊泉質／ナトリウム・マグネシウム・弱塩化物泉　＊効能／疲労回復、痛風、婦人病など
＊営業／8時～21時　無休
＊料金／大人1000円

●WC／熱海駅、熱海梅園、来宮神社、熱海ムーンテラス、熱海サンビーチ

●ランチスポット／弁当持参なら熱海ムーンテラスで。市内には食事処が多い。和食屋「魚竹」は平成12年オープンの店。
＊営業／11時～15時　火・水曜休

●その他の立ち寄り湯／温泉は銭湯並みからホテルの豪華風呂まで色々あるが、料金や営業時間がまちまちなので、駅前観光案内所や熱海市観光協会で確認してから行くといい。昼食と入浴のセットプランもある。

●バス／駅から市内の観光地を循環する湯遊バス（1日乗り降り自由　大人600円、子供300円）も出ている。

●問合せ／熱海市観光協会
☎0557（85）2222

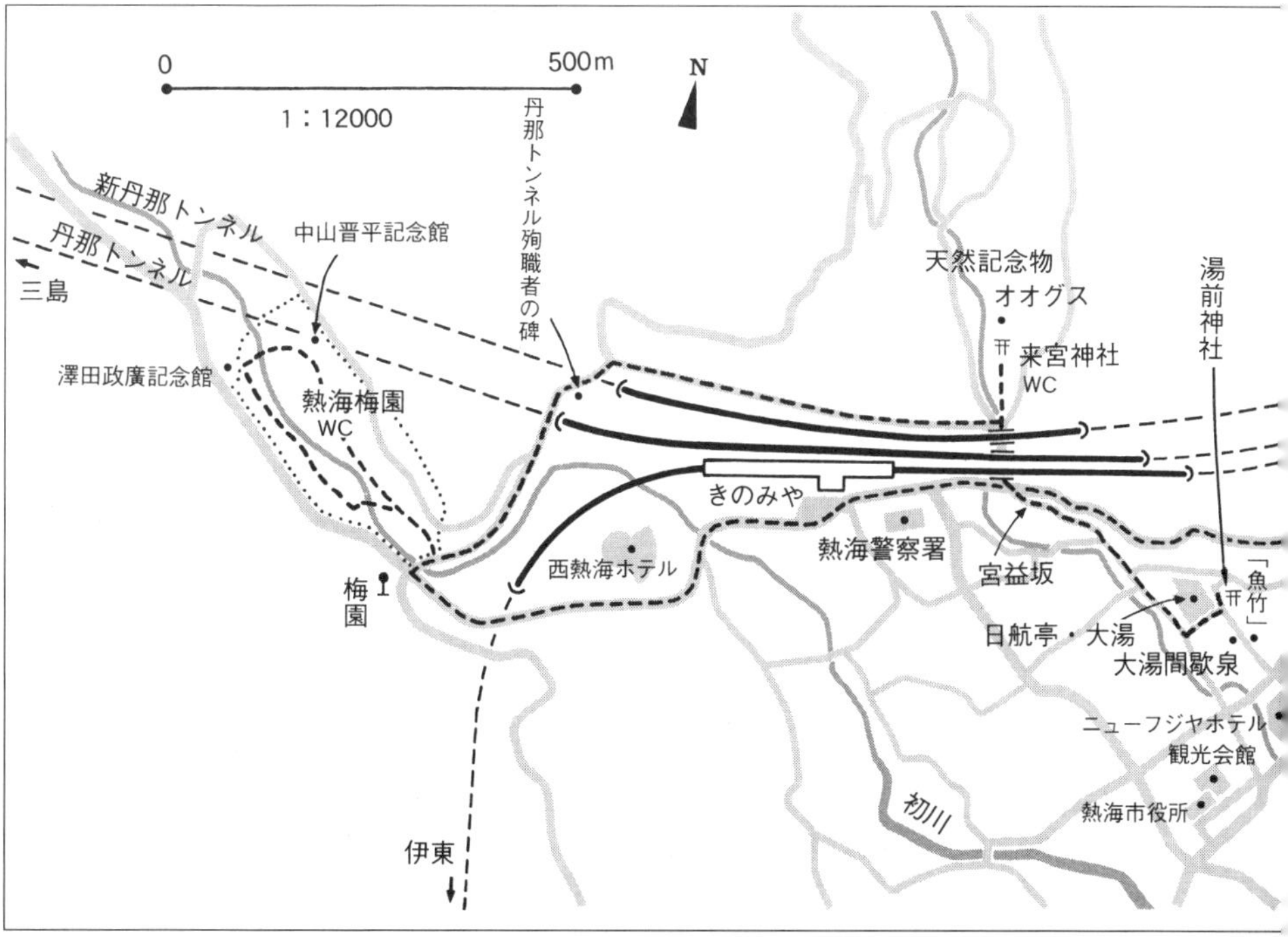

四季の40コース以外のおすすめコース

御岳渓谷&水香園／東京・青梅市（4月下旬〜5月上旬）

新緑の御岳渓谷を歩いて日本画家川合玉堂の作品を集めた玉堂美術館、櫛かんざし美術館を見学。澤乃井園では酒造見学や利き酒（有料）もできる。沢井駅に着いたら電車で川井駅まで移動し水香園（12頁参照）に立ち寄る。

モデルコース／御岳駅→（5分）玉堂美術館→（25分）寒山寺→（5分）櫛かんざし美術館→（5分）澤乃井園→（5分）沢井駅→（電車7分）川井駅→（5分）水香園

交通／ＪＲ青梅線御岳駅下車　**問合せ**／青梅市観光協会☎０４２８−24−２４８１

足和田山〜三湖台&富士眺望の湯ゆらり／山梨・足和田村〜鳴沢村（7月〜8月）

眺めの良い足和田山から三湖台へ展望ハイキング。三湖台から富士山、樹海、本栖湖を望み、富士の噴火が作り出した富岳風穴や鳴沢氷穴で涼む。入浴は16種類の温泉が楽しめる富士眺望の湯ゆらりへ。

モデルコース／河口湖駅→（バス16分）一本木→（60分）足和田山→（50分）紅葉台→（45分）氷穴→（30分）鳴沢クリエーションパーク・富士眺望の湯ゆらり→（2分）富士緑の休暇村→（バス20分）河口湖駅　**交通**／ＪＲ中央線大月駅で富士急行線に乗り換え、河口湖駅下車。新宿駅西口から中央高速バス富士五湖線で河口湖下車　**問合せ**／足和田村企画振興課☎０５５５−82−２３１１　鳴沢村企画課☎０５５５−85−２３１１

黒山三滝&黒山鉱泉館／埼玉・越生町（11月中旬〜下旬）

梅と柚子の里として知られる越生。上大満バス停から龍ヶ谷川に沿って龍隠寺まで歩き、柚子の実る山道を辿って紅葉の名所、黒山三滝へ。三滝に近い黒山鉱泉館でひと風呂浴びるコース。

モデルコース／越生駅→（バス15分）上大満バス停→（30分）龍隠寺→（5分）民家ギャラリィ山猫軒（土・日・祝日のみ）→（60分）全洞院→（20分）黒山三滝→（15分）黒山鉱泉館→（5分）黒山バス停　**交通**／東武越生線越生駅下車。バス「黒山」行に乗り上大満下車　**問合せ**／越生町観光協会☎０４９２−92−３１２１

清水公園〜醤油の街&東武スパリゾート／千葉・野田市（通年）

桜の名所清水公園からキッコーマン醤油工場などの醤油の古里を巡る。清水公園はハーブガーデンも充実。四季折々で楽しめる。キッコーマンもの知りしょうゆ館は見学も可。最後は天然温泉施設東武スパ・リゾートへ。

モデルコース／清水公園駅→（5分）清水公園→（30分）愛宕神社→（10分）市立興風図書館→（5分）野田市郷土資料館→（10分）興風会館→（10分）キッコーマンもの知りしょうゆ館→（20分）東武スパ・リゾート→（15分）野田市駅　**交通**／東武野田線清水公園駅下車　**問合せ**／野田市商工課☎０４７１−23−１０８５　キッコーマンもの知りしょうゆ館☎０４７１−23−５１３６

地域別さくいん

東京都

埼玉県

神奈川県

山梨県

静岡県

千葉県

な

は

さ

た

さくいん

あ

か

◎著者紹介

村上　文子（むらかみ・ふみこ）
フリーライター。これまで女性と仕事、家庭などをテーマとした本作りに関わる。著書に「活動資金づくりの本」(学陽書房)・「在宅ワーク完璧マニュアル」(日経事業出版社)・「よその家の夫たち」(ユック舎)〈いずれも共著〉など。1991年からタウン紙に日帰り旅やウオーキングコースを執筆。私生活でも山歩きや旅を趣味とし、下山後の温泉を楽しみとしている。神奈川県横浜市在住。

伊豫田　浩美（いよだ・ひろみ）
タウン紙や雑誌に家族・女性向けのウオーキングコースを執筆。地元埼玉を中心に東京近郊を歩き、土地の風物や歴史、伝統などに触れるコース作りをモットーとしている。ウオーキングで培った「歩く速度で、歩く目線で」モノを見る姿勢を、今後の取材にも生かしていきたい。2000年12月から日本ウオーキング協会公認ウオーキング指導員。著書に「埼玉あそび場探検ブック」(幹書房)。埼玉県狭山市在住。

協力：樋口恭（団地新聞ザ・ファミリー／編集長）

日帰り・四季の40コース
首都圏 ぶらりのち温泉

2001年 5月 1日　第1刷発行
2002年11月 1日　第2刷発行

著　者　村上文子・伊豫田浩美
地　図　萩生田浩・大滝玲子
ＤＴＰ　㈲桐原デザイン工房
発行者　清水　定
発行所　株式会社けやき出版
〒190-0023　東京都立川市柴崎町3-9-6
TEL 042-525-9909
印刷所　株式会社平河工業社

ISBN4-87751-193-3 C2206